Faris Al-Obaidi
Shahrazad Al-Shadeedi
Rashid Al-Dalawi

Huevo de mesa y huevo de diseñador

Faris Al-Obaidi
Shahrazad Al-Shadeedi
Rashid Al-Dalawi

Huevo de mesa y huevo de diseñador

Editorial Académica Española

Imprint
Any brand names and product names mentioned in this book are subject to trademark, brand or patent protection and are trademarks or registered trademarks of their respective holders. The use of brand names, product names, common names, trade names, product descriptions etc. even without a particular marking in this work is in no way to be construed to mean that such names may be regarded as unrestricted in respect of trademark and brand protection legislation and could thus be used by anyone.

Cover image: www.ingimage.com

Publisher:
Editorial Académica Española
is a trademark of
International Book Market Service Ltd., member of OmniScriptum Publishing Group
17 Meldrum Street, Beau Bassin 71504, Mauritius

Printed at: see last page
ISBN: 978-620-0-36854-6

Copyright © Faris Al-Obaidi, Shahrazad Al-Shadeedi, Rashid Al-Dalawi
Copyright © 2020 International Book Market Service Ltd., member of OmniScriptum Publishing Group

Estimado lector,

el libro que tiene en sus manos fue escrito originalmente bajo el título " Table Egg and Designer Egg", ISBN 978-3-659-89042-0.

Su publicación en español fue posible gracias al uso de la Inteligencia Artificial en el campo lingüístico.

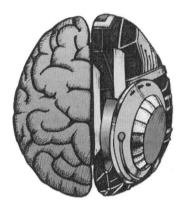

Esta tecnología, que recibió el primer premio honorífico de Inteligencia Artificial en Berlín en septiembre de 2019, está más cerca del funcionamiento del cerebro humano. Por lo tanto, es capaz de capturar y transmitir los matices más pequeños de una forma nunca antes lograda.

Esperamos que disfrute de este libro y le pedimos que tenga en cuenta cualquier anomalía lingüística que pueda haber ocurrido durante este proceso.

Que tengas una buena lectura!

Editorial Académica Española

Huevo de mesa y huevo de diseñador

Por

Faris A. Al-Obaidi (Ph.D.)
Centro y Museo de Investigación de Historia Natural de Iraq, Universidad de Bagdad, Bagdad, Iraq.
dr_faris07@yahoo.com

Shahrazad M.J. Al-Shadeedi (Ph.D.)
Centro de Investigación de Mercado y Protección al Consumidor, Universidad de Bagdad, Bagdad, Irak.
dr_shahrazad08@yahoo.com

y

Rashid H. Al-Dalawi (Ph.D.)
Colegio de Agricultura, Universidad de Kirkuk, Kirkuk, Irak.
aboumerdalawi@gmail.com

Contenido del libro

4	Definición del huevo
10	Capítulo dos
10	Valor nutricional del huevo
26	Capítulo Tres
26	Huevo de diseñador
56	Capítulo Cuatro
56	Nuevos términos del huevo
67	Capítulo cinco
67	Referencias

Definición del huevo

Científica

El huevo es la célula reproductora o el vaso orgánico que contiene el cigoto en el que se desarrolla un embrión hasta que puede sobrevivir por sí mismo, momento en el que el animal eclosiona. Un óvulo es el resultado de la fertilización de un óvulo. La mayoría de los artrópodos, vertebrados (excluyendo a los mamíferos) y moluscos ponen huevos (Newman, 2011).

Nutrición

El huevo es la célula reproductora de las aves domésticas que pertenecen a la clase Aves, principalmente del orden Galliformes y de la familia Phasianidea, incluyendo el pollo, el pavo, la codorniz, los faisanes y la perdiz. También la familia de las Anatidas, incluyendo el Pato, los Gansos y la familia de las Struthionidea, incluyendo el Avestruz. Las aves de corral o de corral son valiosas aves domésticas criadas por los seres humanos por los huevos que producen y su carne (Al-Obaidi y Al-Shadeedi, 2017).

Figura (1): Especies de aves de corral o de corral. (Designhill, 2019).

El huevo de gallina pertenece a los alimentos de alta calidad nutricional. La gente come huevos por su alto valor nutricional debido a la óptima composición de aminoácidos esenciales y la favorable composición de ácidos grasos con un alto porcentaje de ácidos grasos poliinsaturados y una favorable proporción de ácidos grasos omega 6 a omega 3. Es económico, y rápido y fácil de preparar y servir. La utilización de huevos de gallina para el procesamiento, también de huevos pidan y balut, tiene una larga tradición en algunos países asiáticos desde hace siglos (Stadelman y Cotterill, 1995; Pingel, 2009; Al-Shadeedi *et al.*, 2013; Al-Obaidi y Al-Shadeedi, 2016).

Figura (2): Algún tipo de huevos de aves domésticas, huevos de codorniz (arriba a la izquierda), huevo de gallina (abajo a la izquierda) y huevo de avestruz (a la derecha) (Rainer Zenz, 2006).

El huevo de ave es una de las células reproductivas más complejas y altamente diferenciadas, los huevos de ave divergen ampliamente en forma, volumen, peso y cantidad de material de yema y albúmina debido a factores genéticos; especie, raza y cepa y factores no genéticos; nutrición, enfermedades y estación (Romanoff y Romanoff, 1949; Stadelman y Cotterill, 1995; Al-Obaidi y Al-Shadeedi, 2014, 2016).

Estructura y componentes del huevo

Un huevo consta básicamente de tres partes (Figura 3):

una cáscara

una clara de huevo

una yema de huevo

Un huevo de gallina se compone de aproximadamente 2/3 de clara de huevo y 1/3 de yema de huevo.

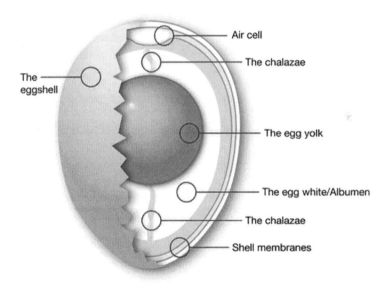

Figura (3): Estructura del huevo de mesa (alimentos HEDEGAARD, 2013).

Morfología del huevo y color de la cáscara

El huevo de las aves es una de las células reproductivas más complejas y altamente diferenciadas, los huevos de las aves difieren ampliamente en forma, volumen, peso y cantidad de material de yema y albúmina debido a factores genéticos; especie, raza y cepa y factores no genéticos; nutrición, enfermedades y estación (Romanoff y Romanoff, 1949; Stadelman y Cotterill, 1995). Los principales pigmentos responsables de la coloración del huevo de las aves silvestres y domésticas son la protoporfirina IX, la biliverdina IX y el quelato de zinc biliverdina (Poole, 1964). Estudios realizados en más de 100 especies de aves demuestran que los únicos pigmentos de los huevos de cáscara azul son la biliverdina IX y el quelato de zinc de biliverdina (Kennedy y Vevers, 1976). El principal pigmento en las cáscaras de huevos de las gallinas ponedoras de huevo marrón se debe a las grandes cantidades de protoporfirina y uroporfirina, las cáscaras de huevos de las gallinas ponedoras de huevo blanco se debe a que no se depositan pigmentos en ellas. El Huevo de Oliva, una gallina que pone huevos verde oliva, es el producto de un cruce entre una gallina y un gallo que provienen de una raza de huevo marrón y una raza de huevo azul. Los huevos que se ponen en tonos distintos del blanco tienen pigmentos depositados en ellos a medida que los huevos viajan a través del oviducto de la gallina, como se muestra en la Figura (4) (Pinterest, 2018). Lukanov *y otros* (2015) concluyeron que hay una variación sustancial en el color de los huevos no sólo dentro de los grupos, sino también dentro de la raza.

Figura (4): Variación del color de la cáscara del huevo de mesa debido a la raza del pollo

Capítulo dos

Valor nutricional del huevo

La importancia del huevo

La prevalencia de la desnutrición está creciendo en países de todo el mundo. En el Informe sobre la nutrición mundial 2016[1] se afirma que "la malnutrición y la dieta son, con mucho, los principales factores de riesgo de la carga de morbilidad mundial". Abordar los problemas de nutrición es un verdadero desafío, y el DSM está trabajando para aprovechar al máximo su experiencia en salud y nutrición para desarrollar alimentos fortificados y productos de micronutrientes para mejorar el estado nutricional mundial. Estas soluciones desempeñan un papel clave en el impulso mundial para cumplir los objetivos de desarrollo sostenible de las Naciones Unidas para acabar con el hambre, lograr la seguridad alimentaria y mejorar la nutrición, con los que la estrategia empresarial de DSM tiene un compromiso a largo plazo. Un crecimiento y desarrollo infantil óptimos pueden tener un efecto directo en la salud y el bienestar a lo largo de la vida de un individuo. Esto requiere asegurar que haya un consumo adecuado de micronutrientes y proteínas en la dieta, especialmente durante las etapas críticas de la vida como el embarazo, la lactancia, la infancia y la adolescencia. Una consecuencia de esto es que hay un creciente interés y mercado para los huevos especiales que incluyen mayores niveles de vitaminas. Ha quedado claro que el huevo es una potencial mina de oro de nutrientes y vitaminas esenciales y, en muchas partes del mundo y de la gente, se está empezando a replantear el humilde huevo. En otras palabras, los huevos pueden desempeñar un papel importante en el impulso mundial hacia la erradicación del hambre, la buena salud y el bienestar y, por consiguiente, hacia el logro de los objetivos de desarrollo sostenible.

Clases de huevo de pájaros

Las aves se agrupan de acuerdo a las cantidades relativas de la yema y la albúmina, se dividen naturalmente en dos clases. Los huevos en los que la yema constituye entre el 15 y el 20 % del peso total (menor porcentaje de yema y lípidos) pertenecen a la clase de especies

Altriciales, los huevos en los que la yema constituye entre el 30 y el 40 % del peso total (alto porcentaje de yema y lípidos) pertenecen a la clase de especies Precociales. La yema tiene los mayores valores alimenticios, contiene una mezcla de proteínas, grasas y carbohidratos en un medio acuoso (Marshall, 1960), la yema relativamente grande asegura un estado de desarrollo bastante avanzado en las crías al momento de la eclosión, y todas las cepas y grupos de patos pertenecen a esta clase, los polluelos recién nacidos son totalmente capaces de comer y nadar (BirdLife International, 2012; Al-Shadeedi et al., 2013). El alto contenido de proteínas y lípidos en el huevo de ánade real es esencial y necesario para esta cepa que todavía es una ave acuática semi-doméstica para el estado avanzado de desarrollo de los polluelos al nacer en comparación con otras aves domésticas estudiadas (Downing y Taylor, 2010; Al-Shadeedi et al., 2013; Farell, 2015; Al-Obaidi y Al-Shadeedi, 2016).

Valor nutritivo del huevo

Los huevos de gallina son familiares, muy nutritivos, económicos y fáciles de preparar, se componen de aproximadamente un 10% de cáscara, un 58% de clara y un 32% de yema. Ya que proporcionan una fuente bien equilibrada de importantes nutrientes para el hombre de todas las edades (Matt et al., 2009). Además, su alta calidad de proteína, su bajo valor calórico y su facilidad de digestión hacen que el huevo sea valioso en muchas dietas terapéuticas para adultos. La clara de huevo es un líquido viscoso e incoloro que consiste en un 88% de agua, un 10-12% de proteína y algunos minerales. La cantidad de lípidos en la clara de huevo es una traza (0,02%) en comparación con la cantidad presente en la yema. La yema está compuesta por un 48% de agua, 15-17% de proteínas, 32-34% de grasas y algunos minerales y vitaminas (Burley y Vadehra, 1989; Bufano, 2000; Stadelman y Cotterill, 1995), en los cuadros (1) y (2) se explican los componentes y las fracciones nutricionales del huevo de gallina.

Las porciones comestibles del huevo de las gallinas están compuestas de agua (74%), proteínas (13%), grasas (11%), carbohidratos (1%) y otros nutrientes con un porcentaje menor que incluye minerales, vitaminas y carotenoides. La macroestructura del huevo es aproximadamente 9-12% de la cáscara, 60% de la albúmina y 30-33% de la yema. El contenido en lípidos de la yema es de alrededor del 33%, incluyendo el 63,3% de triacilgliceroles, el 29,7% de fosfolípidos (fosfatidilcolina: 73%; fosfatidiletanolamina: 15%) y el 5,2% del colesterol total. El conocimiento de estas propiedades es importante, ya que puede permitir la adopción de estrategias para modificar las características de los ácidos grasos (Jain et al., 1998).

De las 13 vitaminas comúnmente aceptadas, todas excepto la vitamina C están presentes en el huevo. La yema rica en lípidos actúa como un depósito primario de vitaminas solubles en grasa, así como sus homólogos solubles en agua. Dos huevos grandes convencionales pueden proporcionar un estimado del 30% de la dosis diaria recomendada (RDA) para la riboflavina, más del 60% de la vitamina K y cerca del 15% de la vitamina A y D, el folato y la vitamina B12. Los huevos pueden ofrecer un potencial real para mejorar la nutrición materna e infantil en los países en desarrollo, acabar con el hambre y alcanzar la seguridad alimentaria de forma sostenible. Los estudios que promueven el consumo de huevos para las mujeres y los niños como parte de mejoras dietéticas más amplias muestran que los indicadores de crecimiento infantil mejoran significativamente en el grupo de intervención en comparación con los controles. De manera similar, un estudio de investigación reciente mostró que los nueve aminoácidos esenciales eran significativamente más bajos en los niños con retraso en el crecimiento en comparación con los niños sin retraso en el crecimiento. Esto nos dice que el aumento de la ingesta de proteínas de calidad procedentes de los huevos puede ayudar a promover un desarrollo óptimo en los niños (World Poultry, 2003).

Tabla (1): Fracciones de proteínas y lípidos y componentes especiales en 100g de huevo de gallina.

Componente	Cantidad	Componente	Cantidad

Proteínas de la albúmina		Fosfolípidos	
Ovalbúmina	3.78g	Fosfotidilcolina (lecitina)	2.47 g
Conalbúmina (Ovotransferrina)	0.91g	Fosfpotidil etanolamina	0.48 g
Ovomucoid	0.77g	Fosfatidil serina	102 mg
Globulinas G2 y G3	0.64g	Lisofosfotidilcolina	226 mg
Lisozima (G1--- globulina)	0.260g	Esfingomilina	38 mg
Ovomucin	0.203g	Plasmalógeno	34 m
Ovoflavoproteína	60mg	Lisofosfatidil etanol amina	78 mg
Ovoglicoproteína	50mg	Fosfolípidos de inositol	20 mg
Ovomacroglobulina	40mg	Esteroles de la yema	
Ovoinhibidor	20mg	Colesterol	0.40 g
Avidin	4mg	Brassiscasterol	4.8mg
Cistatina	3mg	Campesterol	4.8mg
Proteínas de la yema		Estigmasterol	0.8mg
Ovovitellin	4.20g	B-sitosterol	0.8mg
Lipovitellin	0.5g	Glicolípidos/cerebrosos (ovokerasina y ovofrenasina)	38mg
Livetin	0.4g	Pigmentos de la yema	
Lipoproteína de baja densidad	0.4g	Carotenes	1 a 2 mg

Ovolivetin	0.30g	Criptoxantina	0.2 a 0.60 mg
Phosvitin	30mg	Luteína, astaxantina, zeaxantina y otros	0.6 a 4.50 mg
Vitelogenina	10mg	xantofilas	(depende de la alimentación de la gallina)
Lípidos de la yema			
Triglicéridos	7.30g	Componentes especiales	
F.A. saturado total	3.55g	Taurino	5-8mg
Total MUFA	4.55g	Sulforafano	1-4mg
Total de PUFA	4.55g	Lumiflavina	0.25mg
Vitaminas solubles en grasa	4mg	Lumichrome	0.20mg
		Ácido sialico	10mg
		Betaine	90mg

World Poultry (2003).

Tabla (2): Porcentaje de contribución de los "requerimientos de nutrientes recomendados" por un huevo de gallina y su costo relativo.

Nutrientes	Cantidad en 1 huevo	Recomendado diariamente nutrientes para adultos	Contribución porcentual por 1 huevo
Proteína (g)	6.9	60	11.5
Energía (KCal)	85	2500	3.5
PUFA (g)	1.17	10.0	11.7
MUFA (g)	2.76	12g	23.0
Calcio (mg)	35	400	8.8
Fósforo (mg)	125	700	17.9
Hierro (mg)	1.3	30	4.3
Zinc (mg)	0.8	9	8.9
Yodo (mg)	0.04	0.2	20.0
Selenio (mcg)	0.6	5.5	10.9
Vit. A (mcg)	188	225	83.3
Vit. D (mcg)	0.95	5	19.0
Vit. E (mg)	1.6	10	16.0
Vit. K (mg)	0.005	0.65	0.8

Vit. C (mg)	0	40	0.0
Tiamina (mg)	0.05	1.2	4.2
Riboflavina (mg)	0.17	1.3	13.1
Niacina (mg)	0.05	16	0.3
Piridoxina (mg)	0.14	2.0	7.0
Ácido fólico (mg)	0.04	0.10	40.0
Vit. B12 (mcg)	1.6	1.0	160.0
Ácido pantoténico (mg)	0.85	5	17.0
Biotina (mcg)	10.0	25	40.0
Colina (mg)	410	450	91.1

World Poultry (2003).

Los componentes del huevo y las fracciones nutricionales diferirán según la especie de ave o de ave de corral, Al-Obaidi y Al-Shadeedi (2016) informaron de que aparecieron diferencias significativas (P<0,05) en los porcentajes de los componentes del huevo y en algunos valores de la composición química debido a la especie de ave. El peso del huevo del ánade real osciló entre 62,60 y 65,12 gm con un valor medio de 63,44 gm, su volumen osciló entre 14,84 y 15,30 cm3 con un valor medio de 15,03 cm3, al mismo tiempo la gravedad específica del huevo fue alta en los huevos de ánade real en comparación con los huevos de pato pekinés, cuyos valores medios fueron de 4,22 y 1,45 respectivamente (Tabla 3). El peso del huevo se expresa en términos de tamaño, el tamaño del huevo está influenciado principalmente por el tamaño corporal, el estado evolutivo, el clima, la cantidad de alimento disponible y algunos otros factores, también hay un enorme rango en el tamaño del huevo entre las diferentes especies y dentro de la especie entre los individuos. El tamaño de los huevos puestos por un individuo puede diferir ampliamente de los puestos por otro de la misma especie y raza, el tamaño del huevo influido por el tamaño corporal, el estado evolutivo, el clima, la cantidad de alimento disponible y algunos otros factores (Stadelman y Cotterill, 1995; Downing y Taylor, 2010).

Tabla (3): Ancho, largo y forma del huevo del pato azulón y del pato pekinés doméstico.

Grupos de patos	Regiones	Anchura de huevo (cm)	Longitud del huevo (cm)	Índice de forma de huevo (%)
ánade azulón	A	27.73 ±0.35	38.42 ±0.46	72.18±0.64
	B	27.54 ±0.31	38.36 ±0.44	71.79±0.67
	C	28.02 ±0.32	38.20 ±0.41	73.35±0.67
	D	27.64 ±0.30	38.33 ±0.43	72.11±0.62
	E	27.66 ±0.33	38.53 ±0.45	71.79±0.68
	Promedio	27.72 ±0.32	38.37 ±0.44	72.24±0.63*
pato pekinés	A	42.09 ±0.25	67.72 ±0.46	62.15±0.56
	B	43.11 ±0.24	67.80 ±0.47	63.58±0.57
	C	42.09 ±0.25	66.97 ±0.45	62.85±0.62

D	44.10 ±0.28	67.41 ±0.46	65.42±0.57
E	43.15 ±0.27	68.17 ±0.45	63.30 ±0.58
Promedio	42.91 ±0.25*	67.61 ±0.46*	63.47 ±0.61
Significativo	*	*	*

*Significativo (p<0,05)

El estudio de Al-Obaidi y Al-Shadeedi (2017) comparó algunas especies de aves y reveló que los pollos nativos tienen un peso promedio del huevo de 56.43±0.76gm comparado con 78.71±0.77, 10.20 ±0.71 y 84.36 ±0.74gm para el ánade real, codorniz y pavo respectivamente, el análisis estadístico reveló que aparecieron diferencias significativas (P<0.05) en el porcentaje de componentes del huevo, el huevo de ánade real tiene el mayor porcentaje de porcentaje de yema (34.94 ±0,56%) con bajos porcentajes de cáscara (10,89 ±0,28%) y albúmina (54,17 ±0,80%) entre otras especies estudiadas, en el mismo tiempo la cáscara de huevo fue alta en los huevos de codorniz y pavo (11,75 ±0,31 y 11,77 ±0,30% respectivamente) cuando como huevo de gallina tienen el mayor porcentaje de albúmina (57,13 ±0,84) entre otras especies estudiadas (Tabla 4).

Tabla (4): Peso de los huevos y componentes (%) de las aves.

Especies de aves de corral	Peso del huevo (gm)	Cáscara de huevo (%)	Yema de huevo (%)	Blancanieves (%)
Pollo	56.43±0.76c	11.05±0.33b	31.82±0.52c	57.13±0.84a
ánade azulón	78.71±0.77b	10.89±0.28c	34.94 ±0.56a	54.17±0.80d
Codorniz	10.20 ±0.71d	11.75 ±0.31a	31.58 ±0.53d	56.67±0.86b

Turquía	84.36 ±0.74a	11.77 ±0.30a	32.10 ±0.57b	56.13±0.85c
Significativo	*	*	*	*

*Significativo (p<0,05)

Además, el estudio de Al-Obaidi y Al-Shadeedi (2017) mostró la composición química de las porciones comestibles del huevo. El análisis estadístico reveló que aparecieron diferencias significativas (P<0,05) en la composición química del huevo, la yema de huevo de ánade real tenía los porcentajes más altos de proteína y lípidos (19,42±0,32 y 34,88±1,36% respectivamente), en el mismo tiempo la albúmina de huevo de pavo tenía el porcentaje más alto de proteína (12,88±0,22%) entre el huevo de las otras especies estudiadas. No aparecieron diferencias estadísticas en la ceniza de huevo (Tale 5). Perfil lipídico de la yema de huevo de algunas aves nativas de Irak, el análisis estadístico reveló que aparecieron diferencias significativas (P<0,05) en el colesterol, HDL y LDL, que fueron altos en el ánade real y el pavo en comparación con otras especies, mientras que no aparecieron diferencias en los triglicéridos lipídicos entre las especies estudiadas (Tabla 6).

Tabla (5): Composición química del huevo de algunas aves.

	Especies de aves de corral	Proteína de huevo (%)	Lípidos de huevo (%)	Ceniza de huevo (%)
Yema	Pollo	17.59±0.34c	32.41±1.33c	1.14±0.11
	ánade azulón	19.42±0.32a	34.88±1.36a	1.23±0.11
	Codorniz	17.58±0.35c	32.25 ±1.34c	1.21±0.11
	Turquía	18.73±0.32b	33.19±1.36b	1.27±0.12
	Significativo	*	*	N.S.

Albúmina	Pollo	11.76±0.24c	-	1.02±0.10
	ánade azulón	12.21±0.21b	-	1.10±0.10
	Codorniz	11.80±0.21c	-	1.05±0.10
	Turquía	12.88±0.22a	-	1.12±0.10
	Significativo	*	-	N.S.

*Significativo (p<0,05), N.S [no hay] diferencias significativas en los valores de los rasgos.

Tabla (6): Perfil lipídico de algunas aves.

Especies de aves de corral	Colesterol (mg/gm)	HDL (mg/gm)	LDL (mg/gm)	Triglicéridos (mg/gm)
Pollo	16±1.76b	77±3.21b	34±1.72b	77±1.58
ánade azulón	26±2.77a	69±3.28c	45±1.76a	78±1.56
Codorniz	12±1.71c	89±3.14a	31±1.73c	76±1.60
Turquía	25±2.74a	66±3.25c	46±1.77a	78±1.58
Significativo	*	*	*	N.S.

*Significativo (p<0,05), N.S [no hay] diferencias significativas en los valores de los rasgos.

El avestruz (*Struthio camelus*) y el emú (*Dromaius novaehollandiae*), pertenecen a un grupo de especies de aves vivas más grandes llamado Rátidos. Estas aves son distintivas en su apariencia, con un cuello y patas largas (Hermes, 2006). Los huevos de avestruz son los más grandes de todos los huevos, aunque en realidad son los más pequeños en relación con el tamaño del ave adulta, en promedio miden 15 centímetros de largo, 13 centímetros de ancho y pesan 1.4kgm, más de 20 veces el peso de un huevo de gallina. Son de color crema brillante, con cáscaras gruesas marcadas por pequeñas fosas (Romanoff y Romanoff, 1949).

Al-Obaidi y Al-Shadeedi (2015) compararon las características químicas de los huevos de remolque, de avestruz (*Struthio camelus*) y de emú (*Dromaius novaehollandiae*) con las de los pollos nativos (*Gallus domesticus*). Los datos obtenidos revelaron que aparecieron diferencias significativas (P<0,05) en la estructura morfológica y los componentes de los huevos entre el avestruz, el emú y el pollo nativo. Aunque se observaron algunas diferencias significativas (P<0,05) en la composición química, los huevos de avestruz y de emú son equivalentes a los huevos de gallina nativa en cuanto a su composición química, por lo que sus huevos eran aceptables para los consumidores como huevos de mesa (Cuadro 7, 8 y 9).

Tabla (7): Composición química de la albúmina y la yema de los huevos de avestruz, emú y de gallina nativa (Media ±SE).

Parámetros	Avestruz		Emú		Pollo nativo	
	Albúmina	Yema	Albúmina	Yema	Albúmina	Yema
Humedad (%)	87.54 ±0.45a	52.26 ±1.22a	87.50 ±0.38a	52.20 ±1.23a	87.23 ±0.41a	48.45 ±1.25b
Cenizas (%)	0.97 ±0.03a	1.08 ±0.31a	0.95 ±0.05a	1.11 ±0.33a	1.02 ±0.05a	1.12 ±1.31a
Proteína (%)	10.79 ±0.62b	16.34 ±0.85b	10.86 ±0.58b	16.52 ±0.88b	11.03 ±0.62a	17.27 ±0.86a
Lípidos (%)	-	28.91 ±1.05b	-	28.95 ±1.11b	-	31.88 ±1.06a

| Carbohidratos (%) | 0.70 ±0.20a | 1.41 ±0.34a | 0.69 ±0.24a | 1.22 ±0.33a | 0.72 ±0.21a | 1.28 ±0.33a |

Tabla (8): Contenido de minerales en la albúmina y yema de huevo de avestruz, emú y de gallina nativa (Media ±SE).

Minerales	Avestruz		Emú		Pollo nativo	
	Albúmina	Yema	Albúmina	Yema	Albúmina	Yema
Calcio (Ca)	27 ±0.54a	145 ±1.72b	28 ±0.55a	139 ±1.66b	32 ±0.52a	165 ±1.68a
Fósforo (P)	18 ±0.72a	334 ±3.99b	19 ±0.81a	343 ±4.13b	22 ±0.70a	380 ±4.15a
Magnesio (Mg)	10 ±0.40a	15 ±0.38a	8 ±0.37a	17 ±0.39a	13 ±0.37a	19 ±0.37a
Hierro (Fe)	2 ±0.52b	7 ±0.56b	1.8 ±0.51b	8 ±0.51b	3 ±0.53a	14 ±0.55a
Potasio (K)	142 ±1.73a	108 ±1.77a	144 ±1.80a	100 ±1.79a	167 ±1.78a	125 ±1.79a
Cobre (Cu)	<1 ±0.00	<1 ±0.00	<1 ±0.00	<1 ±0.00	<1 ±0.00	<1 ±0.00

Zinc (Zn)	<1	<1	<1	<1	<1	<1
	±0.00	±0.00	±0.00	±0.00	±0.00	±0.00
Manganeso (Mn)	<1	<1	<1	<1	<1	<1
	±0.00	±0.00	±0.00	±0.00	±0.00	±0.00

Tabla (9): Perfil lipídico de los huevos de avestruz, emú y gallina nativa (Media ±SE).

Parámetros	Avestruz	Emú	Pollo nativo
Colesterol	10.3	15.7	13.6
(mg/gm)	±1.09	±1.12a	±1.13b
Lipoproteína de alta densidad (mg/100g)	70.4 ±1.46a	52.4 ±1.47a	67.6 ±1.45b
Lipoproteína de baja densidad (mg/100g)	41.2 ±1.65a	50.9 ±1.52b	45.4 ±1.57c
Lipoproteína de muy baja densidad (mg/100g)	127.0 ±3.46a	165.3 ±3.39b	142.2 ±3.34c
Triglicéridos (mg/100g)	75.8 ±1.97a	50.6 ±1.85c	71.7 ±1.84b
Ácidos grasos libres	0.62	0.74	0.49

| (mg/100mg) | ±0.27a | ±0.22a | ±0.14a |

Capítulo Tres

Huevo de diseñador

Comida de diseño

Los efectos beneficiosos para la salud de los AGPI en la dieta han provocado un esfuerzo considerable para enriquecer los productos animales utilizando varias fuentes de AGPI. La industria avícola, en particular, ha estado buscando nuevas tecnologías para explotar productos más allá de su valor alimentario tradicional. Una de estas tecnologías es el DESIGNER FOOD, que puede definirse como un alimento funcional o de diseño modificado nutricionalmente, que conserva sus cualidades funcionales, nutricionales y sensoriales pero que tiene un perfil lipídico significativamente alterado (Manohar, 2015).

Huevo de diseño

Manohar (2015) informó que el huevo es un alimento rico en colesterol. Un huevo grande contiene aproximadamente 210 mg de colesterol. Suposiciones como el consumo de huevo aumentará directamente los niveles de colesterol en el suero, muchos han reducido el consumo de huevo. Esta "fobia al colesterol" ha asustado a la gente en los países desarrollados hasta 1990 y aún continúa haciéndolo en los países en vías de desarrollo, incluyendo la India, debido a la ignorancia; lo que lleva a un bajo consumo de huevos. A pesar de que la superioridad nutricional del huevo ha sido probada sin lugar a dudas, el consumo de huevo en la India es muy bajo debido al vegetarianismo así como a la amenaza del colesterol. Aunque los nutricionistas y cardiólogos han establecido que sólo existe una correlación insignificante entre los niveles de colesterol en la dieta y en el suero, los consumidores todavía tienen miedo de consumir alimentos ricos en colesterol, por lo que existe una necesidad urgente de reducir los niveles de colesterol en la yema del huevo, así como de incorporar en el huevo otros componentes que promuevan la salud. La industria está actualmente orientada a la producción de huevos especiales que tienen niveles más altos o enriquecidos de ciertos nutrientes ya presentes en los huevos o que reducen los niveles de otros nutrientes, los cuales se consideran indeseables por algunas razones. Estos huevos se denominan "huevos de diseño", "huevos funcionales", "huevos dietéticos", "huevos enriquecidos con ácidos grasos omega-3", que son capaces de salvaguardar la salud de los consumidores. El huevo de diseño será producido con ricos componentes promotores de la salud como los ácidos grasos omega-3 y la vitamina E, junto con la incorporación de algunos componentes adicionales promotores de la salud, como antioxidantes, pigmentos de carotenoides, ciertas vitaminas y minerales; además de reducir los niveles de colesterol de la yema. En general, los ácidos grasos omega-3 redujeron los niveles de LDL-Colesterol (colesterol malo) en el suero, reduciendo así el riesgo de enfermedades cardiovasculares. Además, se encargan de recoger los radicales libres y actúan como inmunomoduladores en las personas, consumiendo dichos huevos con regularidad (Van Elswyk, 1997; Knapp, 1993; Manohar, 2015).

La dieta juega un papel importante en el mantenimiento de la salud. Entre los diferentes productos que suministran nutrientes esenciales al cuerpo, el huevo ocupa un lugar especial, ya que es una fuente rica y equilibrada de aminoácidos y ácidos grasos esenciales, así como de algunos minerales y vitaminas. Este trabajo se centra en los beneficios para el consumidor de mejorar la calidad nutricional de los huevos mediante el aumento de los niveles de antioxidantes y ácidos grasos n-3 como el ácido docosahexaenoico (DHA). Las ventajas del enriquecimiento simultáneo de los huevos con vitamina E, carotenoides, selenio y DHA incluyen una mejor estabilidad de los ácidos grasos poliinsaturados (AGPI) durante el almacenamiento y la cocción del huevo, una alta disponibilidad de nutrientes como la vitamina E y los carotenoides, la ausencia de sabor desagradable y una mejora del estado antioxidante y n-3 de las personas que consumen estos huevos. Tras examinar la literatura científica pertinente, se concluye que los "huevos de diseño" pueden considerarse como un nuevo tipo de alimento funcional.

Los Huevos de Diseño Estándar (SDE) fueron producidos alimentando a las gallinas con piensos ricos en ácidos grasos n-3, vitamina E, selenio y pigmentos de carotenoides. Junto con la SDE, se produjeron 5 variedades diferentes de Huevos de Diseño Enriquecidos con Hierbas (HEDE), incorporando en la dieta de las gallinas 5g/Kg de Perlas de Ajo, semillas de Alholva, hojas de Laurel o Albahaca o 1g/Kg de Espirulina. Se estimaron las propiedades antioxidantes, reductoras del colesterol, inmunomoduladoras y otras propiedades promotoras de la salud de los huevos y el estado inmunológico de las aves.

Todas las hierbas, especialmente las hojas de laurel, habían aumentado la propiedad antioxidante de los huevos. El nivel de colesterol de la yema se redujo significativamente tanto en la SDE como en la HEDE, especialmente debido a la suplementación con hojas de albahaca y ajo. El estado inmunológico de las gallinas así como los niveles de inmunoglobulina en los huevos se incrementaron debido a todos los tratamientos, especialmente por las hojas de alholva y albahaca. Excepto el ajo, otros tratamientos produjeron huevos aceptables para el consumidor. Los niveles de AGPI N3 en todas las 6 SDE se incrementaron significativamente, con una reducción proporcional en el nivel de AF saturado; lo que dio como resultado unas proporciones favorables de N3/N6. El consumo de SDE y HEDE produjo cambios saludables en el perfil de lípidos séricos en voluntarios humanos (Narahari *et al.*, 2015).

Ventajas del huevo de diseño

En general, los huevos son considerados como un alimento altamente nutritivo. El huevo está considerado como el alimento más completo de la naturaleza que contiene proteínas de alta calidad, una proporción de 2 a 1 de grasas insaturadas a grasas saturadas, una excelente fuente de hierro, fósforo y otros minerales y todas las vitaminas con la excepción de la vitamina C. Los atributos multifuncionales del huevo han contribuido a su uso continuo como ingrediente en muchos alimentos. Los componentes antibacterianos del huevo y su contribución a la seguridad alimentaria es un hecho reconocido.

Huevo enriquecido con PUFA Omega-3

Alterar el contenido total de grasa en la dieta de la gallina tiene poco efecto en el contenido total de grasa de la yema de huevo. Sin embargo, el perfil de ácidos grasos (o las proporciones de los diferentes tipos de ácidos grasos) de los lípidos de la yema de huevo puede cambiarse fácilmente, simplemente cambiando el tipo de grasa utilizada en la dieta. Se ha informado que el consumo de ácidos grasos poliinsaturados reduce el riesgo de aterosclerosis y apoplejía. Se ha demostrado que el consumo de estos ácidos grasos también promueve el crecimiento infantil. Se han añadido a los piensos para pollos diferentes alimentos, como la linaza, el aceite de cártamo, los aceites de perilla3, chia4, las algas marinas, el pescado, el aceite de pescado y el aceite vegetal para aumentar el contenido de ácidos grasos omega-3 en la yema de huevo. Los huevos ricos en ácidos grasos omega-3 pueden proporcionar una fuente de alimento alternativa para mejorar el consumo de estos ácidos grasos "saludables" por parte de los consumidores. La evaluación de los huevos durante el almacenamiento indica que la vida útil de los huevos enriquecidos fue comparable a la de los huevos típicos. Muchos huevos mejorados con ácidos grasos omega-3 están disponibles en el mercado estadounidense bajo varias marcas como Gold Circle Farms, EggPlus y Country Hen Better Eggs. Los huevos enriquecidos con ácidos grasos Omega-3 saben y se cocinan como cualquier otro huevo de gallina disponible en la tienda de comestibles. Sin embargo, típicamente tienen una yema amarilla más oscura. También hay huevos de diseño en el mercado que contienen una proporción menor de ácidos grasos saturados a insaturados. El aceite de canola se utiliza comúnmente para alterar la proporción de ácidos grasos saturados y no saturados. Tampa Farm Services produce un huevo que se dice contiene un 25% menos de grasa saturada que los huevos normales (Van Elswyk, 1997; Manohar, 2015).

Los ácidos grasos omega-3 son un grupo de ácidos grasos poliinsaturados (AGPI), también conocidos como ácidos grasos n-3. n-3 denota la posición del primer doble enlace en la cadena de carbono que comienza desde el extremo metilo de la molécula que se encuentra en el tercer átomo de carbono. La mayoría de las aves y animales, incluyendo los seres humanos, no pueden sintetizar estos ácidos grasos n-3, por lo que son esenciales en la dieta. Los ácidos grasos poliinsaturados omega-3 son esenciales en la dieta ya que no pueden ser sintetizados por los animales monogástricos de forma autóctona. Varios investigadores reportaron un bajo consumo de estos nutrientes críticos por parte de los humanos. El huevo de gallina se considera un ingrediente adecuado para el enriquecimiento con ácidos grasos omega-3 (Bean and Leeson, 2003; Jia *et al.*, 2008; Kang, 2008; Hayat *et al.*, 2009, 2010a). Se realizaron muchos estudios de investigación sobre el enriquecimiento con omega-3 de los huevos de gallinas ponedoras en diferentes partes del mundo, pero principalmente concentrados en las naciones desarrolladas. La investigación indígena sobre este tema es muy importante ya que la disponibilidad de los alimentos utilizados para la producción de huevos de diseño no es la misma en diferentes partes del mundo y los ingredientes disponibles localmente pueden proporcionar una oportunidad de producción más económica. Sin embargo, se dispone de información muy limitada sobre la producción de huevos de diseño y/o su impacto en la salud humana y la aceptabilidad en Pakistán. Hasta la fecha, sólo se ha informado de un proyecto realizado por nosotros sobre este tema tan importante (Hayat *et al.*, 2009, 2010a, 2010b; 2014).

El huevo de diseño es rico en ácidos grasos Omega-3 (o) n-3 como:

Ácido alfa-linolénico (ALA) : C18:3n-3

Ácido eicosapentaenoico (EPA) : C20: 5n-3

Ácido docosahexaenoico (DHA) : C22:6n-3

Desafortunadamente, los alimentos ricos en estos ácidos grasos n-3, a saber, las semillas de lino y los aceites de pescado, tienen un sabor y una consistencia indeseables, por lo que no son muy apreciados por los seres humanos. Se pueden hacer aceptables incorporando estos beneficiosos ácidos grasos n-3 en los huevos.

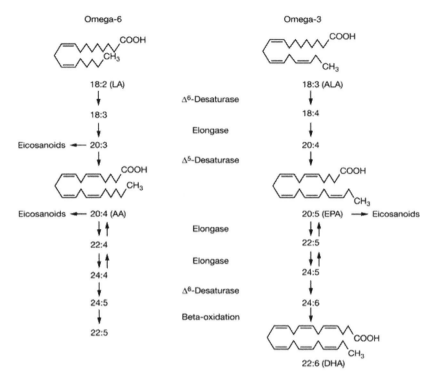

Figura (5): Estructura química de los ácidos grasos omega-3 (Linda y Melody, 2011).

Fuentes de ácidos grasos omega-3

Sardina

Pescado de anchoa

Aceite de pescado

Semillas y aceites de lino y linaza

Colza/Canola y aceites

Mijo Perla

Algas

(Van Elswyk, 1997; Knapp, 1993; Manohar, 2015)

Pescado sardina Pescado anchoa

Semilla de lino Colza

Algas de mijo perla

Figura (6): Fuentes de ácidos grasos omega-3

Los beneficios de los ácidos grasos omega-3

Con el descubrimiento temprano del hecho de que los ácidos grasos omega-3 eran responsables de la menor incidencia de la enfermedad coronaria (CHD) en los esquimales de Groenlandia, cuya dieta básica es el pescado. Las investigaciones realizadas en las últimas décadas sobre los diversos beneficios para la salud de los ácidos grasos omega-3 de los aceites de pescado, han demostrado que los ácidos grasos omega-3 son nutrientes esenciales tanto para los adultos como para los niños. Los ácidos grasos omega-3 en la dieta reducen los triglicéridos plasmáticos, la presión arterial, la agregación plaquetaria, la trombosis y la aterosclerosis, especialmente en los diabéticos, el crecimiento de tumores, las enfermedades de la piel y mejoran la inmunidad. Los beneficios potenciales para la salud de los ácidos grasos n-3 en la dieta humana también han llamado la atención y han alterado la composición de los ácidos grasos del huevo y el tejido a través de los ingredientes de la dieta (Singer, 1993; Van Elswyk, 1997).

Los ácidos grasos poliinsaturados omega-3 son esenciales en la dieta ya que no pueden ser sintetizados por los animales monogástricos de forma autóctona. Varios investigadores informaron de la baja ingesta de estos nutrientes críticos por parte de los humanos (Leskanich y Noble, 1997; Baucells *et al.*, 2000; Simopoulos, 2000). Así, los científicos utilizaron sus conocimientos para aumentar las concentraciones de omega-3 de diferentes alimentos (Kris-Etherton *et al.*, 2000; Cherian, 2002; Rymer y Givens, 2005; Whelan y Rust, 2006). El huevo de gallina se considera un ingrediente adecuado para el enriquecimiento con ácidos grasos omega-3 (Bean and Leeson, 2003; Jia *et al.*, 2008; Kang, 2008; Hayat *et al.*, 2009, 2010a). Se realizaron muchos estudios de investigación sobre el enriquecimiento con omega-3 de los huevos de gallinas ponedoras en diferentes partes del mundo, pero principalmente concentrados en las naciones desarrolladas (Kaminska *et al.*, 2001; Ajuyah et *al.*, 2003; Mazalli et al., 2004; Payet *et al., 2004;* Cherian 2008, 2009). La investigación indígena sobre este tema es muy importante ya que la disponibilidad de los alimentos utilizados para la producción de huevos de diseño no es la misma en diferentes partes del mundo y los ingredientes disponibles localmente pueden proporcionar una oportunidad de producción más económica. Sin embargo, se dispone de información muy limitada sobre la producción de huevos de diseño y/o su impacto en la salud humana y la aceptabilidad en Pakistán. Hasta la fecha sólo se ha informado de un proyecto realizado por nosotros sobre este tema tan importante (Hayat *et al.*, 2009, 2010a, 2010b).

Huevo enriquecido con ácido fólico

Ha habido una creciente conciencia de la necesidad de aumentar el consumo de folato por parte de los humanos. Se ha demostrado que el aumento de la ingesta periconcepcional de esta vitamina por parte de las mujeres reduce la aparición (Czeizel y Dudas, 1992) y la recurrencia (Medical Research Council, 1991) de defectos del tubo neural, como la espina bífida, en los niños. Además, el estado de folato pobre a marginal está vinculado al aumento de los niveles séricos del aminoácido azufre homocisteína, debido al papel que desempeña el folato como cofactor en la remethylation de la homocisteína para formar metionina (House *et al.*, 1999). Se ha demostrado que el aumento de la concentración sérica de homocisteína es un factor de riesgo independiente para el desarrollo de enfermedades cardiovasculares (Boushey *et al.*, 1995). Por lo tanto, es fundamental que se hagan esfuerzos para asegurar la ingesta adecuada de esta vitamina por parte de los humanos. El término folato abarca un número de diferentes compuestos solubles en agua; cada uno basado en la estructura del ácido fólico, o pteroilmonoglutamato, pero difiere en el estado de oxidación y el número de residuos adicionales de glutamato (Selhub y Rosenberg, 1996). El ácido fólico no se encuentra de forma natural, en cantidades apreciables, en los alimentos. Sin embargo, debido a su estabilidad y disponibilidad comercial, es la forma que se utiliza en los suplementos vitamínicos, alimentos fortificados y premezclas vitamínicas. En 1998, los gobiernos de EE.UU. y Canadá promulgaron una legislación que exigía que los productos de cereales se enriquecieran con ácido fólico en 140 $\mu g/100$ g. La eficacia de esta estrategia para aumentar los niveles de folato sérico en la población general todavía no se ha evaluado completamente, aunque las pruebas preliminares apoyan una mejora del estado del folato como resultado de este cambio de política (Selhub *et al.*, 2000). Sin embargo, pueden ser necesarias estrategias adicionales para garantizar que todos los segmentos de la población consumen el folato adecuado, incluyendo el uso de suplementos en grupos objetivo específicos (mujeres en edad fértil), así como educar a los consumidores para que consuman alimentos ricos en folato. Los huevos contienen naturalmente folato en aproximadamente 22 µg folato por huevo grande (USDA, 2001), lo que equivale al 6% de los requerimientos diarios de folato de los adultos recientemente establecidos (Instituto de Medicina, 1998). El aumento del contenido de folato del huevo puede posicionar al huevo como una fuente importante de folato dietético y conducir a una mejora en la aceptación del consumidor de este producto como un producto saludable.

A la luz de la evidencia que apoya la necesidad de que los humanos aumenten su ingesta de folato en la dieta, se llevaron a cabo experimentos de House *et al.* (2002) para evaluar hasta qué punto se podrían aumentar los niveles de folato en los huevos. En el estudio 1, las gallinas recibieron una dieta basada en cebada, que contenía 0 o 10 mg/kg de ácido fólico cristalino, para establecer el potencial de incorporación de folato en los huevos de mesa. En el Estudio 2, 70 gallinas fueron divididas en siete grupos de tratamiento y recibieron dietas suplementadas con 0, 1, 2, 4, 8, 16, o 32 mg de ácido fólico/kg de dieta. En el estudio 3, 64 gallinas recibieron la dieta a base de cebada con o sin 4 mg de ácido fólico/kg de dieta. Los huevos se recogieron y almacenaron durante 0, 7, 14, 21, o 28 d, antes de las determinaciones de folato. Los resultados del Estudio 1 mostraron que una inclusión de 10 mg/kg de ácido fólico aumentó la incorporación de folato en la yema de huevo (41.0 ± 0.7 µg /egg) sobre la de una dieta sin suplemento (17.5 µg /egg). En el Estudio 2, la respuesta del folato del huevo a la suplementación de ácido fólico en la dieta fue saturable, con el 90% de los niveles máximos de folato del huevo establecidos en aproximadamente 4mg de ácido fólico/kg de dieta. Los resultados del estudio 3 mostraron que los niveles de folato son estables, en el control y los huevos fortificados, durante 28 d de almacenamiento a 4 C. En términos de su valor nutricional, un huevo grande recogido de una gallina con suplemento de ácido fólico proporcionó aproximadamente el

12,5% de la asignación dietética recomendada (RDA) para los humanos adultos (RDA = 400 mg/d).

Huevo enriquecido con vitamina E

El contenido de vitamina E en la yema puede aumentarse 18 veces y, en general, el contenido de vitamina E en el huevo responde a los cambios en los niveles de la dieta. También se ha encontrado que se ve afectado por la variación de la deposición entre las gallinas, el tipo y el nivel de grasa y aceite, así como por las altas temperaturas y la fuente de selenio. DSM ofrece un amplio portafolio de soluciones vitamínicas que han demostrado mejorar la producción de huevos, el rendimiento y el estado nutricional. En este contexto, las directrices de la Optimum Vitamin Nutrition (OVNTM) de DSM ofrecen un apoyo de suplementación con visión de futuro para permitir a los productores de ganado y huevos alimentar a los animales con las cantidades adecuadas de vitaminas para optimizar la salud y el rendimiento dentro de las necesidades específicas de su etapa de vida y condiciones de crecimiento.

Se han producido huevos de diseño que contienen concentraciones más altas de varias vitaminas. Dos vitaminas, la A y la E, son las que están recibiendo el mayor interés como componentes de los huevos de diseño. El contenido vitamínico del huevo es variable y depende en cierta medida de la concentración dietética de cualquier vitamina específica. Además, la gallina no transfiere diferentes vitaminas al huevo con igual eficacia. Debido a esto, la eficiencia de la transferencia de la vitamina y el costo de la misma deben ser tomados en consideración cuando se determine la viabilidad económica de la comercialización de dichos huevos. Los huevos con mayor contenido de vitamina E están actualmente disponibles en las tiendas.

La vitamina E (Vit. E) es un excelente antioxidante que rompe la cadena biológica en las membranas biológicas, lo cual previene el daño oxidativo inducido por los radicales libres al atrapar los oxirradicales reactivos (Packer, 1991). Las aves de corral no pueden sintetizar la vitamina E, por lo tanto, los requerimientos de vitamina E deben ser satisfechos a partir de fuentes dietéticas. Se ha demostrado que la incorporación de vitamina E en las dietas de las aves de corral proporciona estabilidad oxidativa e incrementa la calidad de sus huevos y reduce el desarrollo de sabores desagradables, a la vez que aumenta la producción de huevos (Cherian *et al.*, 1996a,b).

En la práctica común para el enriquecimiento de la yema de huevo con vitaminas y minerales durante el procedimiento de producción de huevos de diseño, lo importante es el enriquecimiento con vitamina E y selenio. Al enriquecerse con estas vitaminas y minerales, los productores esperan efectos positivos en la capacidad antioxidante de la yema de huevo, ya que la vitamina E y el selenio tienen un papel importante en los procesos antioxidantes. También se espera que su mayor cantidad en el alimento y su transferencia en la yema de huevo inicien el aumento de la cantidad de contenido de peróxidos de glutatión en la yema, que es una de las enzimas antioxidantes más eficaces (SeGSH-Px). El experimento con los padres de las pollos alimentados con un mayor contenido de vitamina E (40, 100, 200 mg/kg de alimento), y selenio (0,2 y 0,4 mg/kg de alimento) y su combinación aumentó el contenido de vitamina E y Se en los huevos, y también notó un aumento de la concentración de glutatión en el hígado de los pollos. En las otras investigaciones se observó una mayor concentración de vitamina E en los huevos de las gallinas alimentadas con vitamina E enriquecida en el alimento como: - en los huevos ordinarios se encontró 2 mg de vitamina E/100g de yema, pero en los enriquecidos

huevos, 8 mg, A partir de esta y otras investigaciones se encontró la posibilidad de transferir la mencionada vitamina en la yema y la producción de huevos diseñados enriquecidos con vitamina E. Estos tipos de huevos pertenecen a la categoría de producto alimenticio funcional en la nutrición humana. Todo lo anterior da una idea de que la transferencia de la vitamina E y de otras sustancias del pienso a la yema es posible y da una oportunidad para la producción de huevos de diseño.

El enriquecimiento de la yema de huevo con vitamina E, en la industria productora de huevos, es muy popular debido a sus características antioxidantes en los humanos. Sin embargo, no hay muchas investigaciones para la transferencia de vitamina E en la yema de huevo durante el segundo ciclo de producción de puesta usando ponedoras viejas (80 semanas) con muda. Estas investigaciones fueron importantes para las granjas productoras de huevos debido a la importancia de mantener la calidad de los huevos y mejorar las características funcionales de los mismos. Para ello se utilizó como grupo de control el pienso básico con 30 mg de vitamina E/kg y 0,3 mg de selenio/kg. Las gallinas de los grupos experimentales fueron alimentadas con un mayor contenido de vitamina E en dos combinaciones: 1. - 100 mg de vitamina E/kg de alimento y contenido de selenio de 0.3, 0.38 y 0.46 mg/kg y 2. - 230 mg de vitamina E/kg de alimento y contenido de selenio de 0.3, 0.38 y 0.46 mg/kg. La concentración de vitamina E en la yema se incrementó linealmente de 1,62 mg/yema en el grupo control, en 2,90 mg/yema en el grupo experimental de gallinas donde el contenido de vitamina E se enriqueció a 100 mg de vitamina E/kg de alimento y en 5,58 mg de vitamina E/yema cuando la cantidad de vitamina E en el alimento se incrementó a 230 mg/kg. El mayor contenido de vitamina E en el alimento de las gallinas muestra la tendencia a aumentar la producción de huevos y la intensidad de la puesta. La tendencia similar se observó también con el aumento del selenio en el alimento (Gjorgovska *et al.*, 2011).

Meluzzi *et al.* (2000) realizaron un ensayo para investigar la posibilidad de enriquecer los huevos con ácido graso n-3 y vitamina E añadida a la dieta de la gallina. Ciento noventa y dos gallinas Hy-Line Brown, de 39 años de edad, se dividieron en ocho grupos: cuatro grupos recibieron la dieta basal suplementada con un 3% de manteca de cerdo y cuatro dosis de acetato de dl-alfa-tocoferilo (0, 50, 100 y 200 ppm), mientras que las dietas de los otros grupos se complementaron con un 3% de aceite de pescado y las mismas dosis de vitamina E. El rendimiento de las gallinas y el peso de los huevos no se vieron afectados ni por el tipo de suplemento de lípidos ni por el nivel de vitaminas. El tratamiento con aceite de pescado causó un aumento dramático (P<0,01) de todos los ácidos grasos n-3 de la yema, particularmente de EPA (19,53 vs. 0,74 mg/egg) y DHA (143,70 vs. 43,66 mg/egg), y una disminución apreciable del ácido araquidónico (25,54 vs. 67,72 mg/egg). Los diferentes niveles de vitamina E en la dieta afectaron ligeramente la composición de ácidos grasos de la yema. El alfa-tocoferol de la yema aumentó linealmente a medida que el acetato de dl-alfa-tocoferilo dietético aumentó (P < 0,01) desde el nivel de control de 90,93 microg/g de la yema a 313,84 microg/g de la yema cuando se añadieron 200 ppm a las dietas de las gallinas. Veintiocho días de almacenamiento a temperatura ambiente (20 a 25 C) no alteraron el perfil de ácidos grasos de la yema y, además, los niveles de vitamina E se mantuvieron muy cercanos a los observados en el huevo fresco.

Se realizó un estudio de Chitra *y otros* (2016) para evaluar el nivel de alfa-tocoferol y selenio del huevo de codorniz japonesa. Este ensayo se realizó en doscientas diez hembras de codorniz japonesa de siete a veintiséis semanas de edad. Las aves experimentales se dividieron al azar en siete grupos, a saber, T1- Control: Dieta basal (ración estándar de codorniz japonesa), T2- Dieta basal con vitamina E 150 mg/kg, T3- Dieta basal con vitamina E 300 mg/kg, T4- Dieta basal con selenio 0.3 mg/kg, T5- Dieta basal con selenio 0.6 mg/kg, T6- Dieta basal con combinación de vitamina E 150 mg/kg y selenio 0.3 mg/kg, T7- Dieta basal con combinación de vitamina E y selenio 0.6 mg/kg. Durante el período de puesta, los datos sobre la producción de huevos de gallina alojada y la producción de huevos de gallina de día mostraron un aumento significativo en la producción de huevos de 7 a 26 semanas de edad mediante la suplementación de vitamina E y selenio en la codorniz japonesa. La suplementación dietética con la combinación de vitamina E 300 mg/kg y selenio 0,6 mg/kg indicó un enriquecimiento significativo del nivel de alfa-tocoferol y selenio en el huevo de codorniz japonés.

Huevo enriquecido con vitaminas A, D3 y B

Los estudios han reconocido un vínculo directo entre el alimento y el contenido vitamínico de los huevos. La complejidad química de las vitaminas, su absorción y características de almacenamiento en el cuerpo, así como la variación biológica inherente a las gallinas, hace que la transferencia de alimento a los huevos ocurra con una variación considerable. Si bien los huevos son una fuente de alimento altamente nutritiva, tanto la productividad de las gallinas ponedoras como el contenido nutricional de sus huevos están en función de la ingesta alimentaria de la gallina. En el caso de las gallinas ponedoras, una dieta enriquecida con micronutrientes óptimos mejora la producción de huevos de muchas maneras, incluyendo el aumento de la producción de huevos, la mejora del peso del huevo, el porcentaje de puesta y el aumento de la eficiencia del alimento. En el caso de muchos micronutrientes, el contenido del huevo responde rápidamente a los cambios en la dieta y la eficiencia de la transferencia, de alimento a huevo, depende del micronutriente. En los huevos, las vitaminas liposolubles A, D, E y K se pueden multiplicar varias veces, con un aumento de casi 300 veces en la vitamina D3.

La deposición de vitamina A elevada se produce con un aumento de 2 a 4 veces o más en la yema de huevo. Con un suplemento de 16.000 UI/kg de alimento, las gallinas produjeron yemas con más del doble de las gallinas alimentadas con vitamina A en NRC. Un estudio del 2003 reportó un 36.6 y 53.3% de retinol yema de huevo más alto para las gallinas suplementado con 15,000 y 30,000 IU de vitamina A/kg de alimento.

La vitamina D3 en los huevos varía considerablemente, ya que las yemas de huevo son especialmente sensibles a esta vitamina. Por ejemplo, los estudios han reportado elevaciones 7 veces mayores en la vitamina D3 de la yema de huevo cuando se alimenta con 4 a 5 veces más vitamina D3 de lo normal.

Los productos avícolas contribuyen de manera significativa a la ingesta de vitaminas de los consumidores. El huevo es uno de los alimentos diarios más comunes y, naturalmente, contiene la mayoría de las vitaminas reconocidas (vitamina A, vitamina D, vitamina E y vitaminas B), excepto la vitamina C. Las mejoras en el valor nutricional del huevo pueden tener implicaciones positivas directas en la ingesta diaria de nutrientes y, por consiguiente, en la salud humana (Nys y Sauveur, 2004). Los huevos enriquecidos con vitaminas son atractivos como vehículo que puede proporcionar a los consumidores compuestos que pueden ser beneficiosos para la salud o para superar los desequilibrios nutricionales. Como muchos otros nutrientes, los niveles de vitaminas incorporados en el alimento influyen directamente en la deposición de vitaminas en los huevos (Naber y Squires, 1993). La concentración de vitaminas está influenciada por la genética, la tasa de producción de huevos y, de forma similar a los ácidos grasos, varía con la composición de la dieta de las gallinas (Naber, 1993; Leeson y Caston, 2003). Con un enriquecimiento moderado de vitaminas, de acuerdo con las recomendaciones para el enriquecimiento de los alimentos, el huevo podría desempeñar un papel importante como alimento funcional. Actualmente se presentan numerosos datos relevantes relacionados con el enriquecimiento vitamínico del huevo mediante estrategias de nutrición, prestando especial atención a las vitaminas liposolubles E, A, D, pero también a la vitamina B12 y al ácido fólico. Naber (1993) resumió sus hallazgos, clasificando la eficiencia de transferencia de las vitaminas de la dieta de las gallinas a los huevos, que fue muy alta para la vitamina A; alta para la riboflavina, el ácido pantoténico, la biotina y la vitamina B12; media para la vitamina D3 y E; y baja para la vitamina K, la tiamina y la folacina; sin embargo, los efectos combinados de la premezcla de vitaminas sobre la deposición de las mismas en los huevos son raramente reportados. Por lo tanto, el objetivo del presente estudio fue investigar la posibilidad de mejorar la acumulación de vitaminas en los huevos a través de su suplementación en las dietas comerciales de gallinas ponedoras y determinar los efectos de estas vitaminas en los parámetros de calidad del huevo.

Zang *y otros* (2011) llevaron a cabo un experimento para evaluar los efectos de diferentes combinaciones de vitaminas en la dieta sobre la calidad del huevo y las concentraciones de vitaminas en los huevos de las gallinas ponedoras comerciales. Un total de 1,800 gallinas Lohman de concha rosa de 25 semanas de edad fueron asignadas aleatoriamente a cuatro tratamientos de vitamina dietética de la siguiente manera: Nivel NRC(1994), nivel NRC (1994) con Hy.D® (25-hidroxi-colecalciferol), nivel local (nivel medio actual de la industria en China) y nivel OVN® (nivel óptimo de nutrición vitamínica), con 10 réplicas por tratamiento y 45 capas por réplica. Las gallinas fueron alojadas en jaulas de puesta comerciales con tres aves por jaula y se les dio acceso *ad libitum* al alimento. Los resultados mostraron que las gallinas que recibieron los niveles de vitaminas fortificadas en el tratamiento con OVN® tuvieron un número significativamente menor (p<0,05) de huevos rotos (0,47%) y huevos sucios (0,27%), y un aumento en la deposición de huevos de vitamina B12, ácido fólico, vitamina A, vitamina D, 25-OH-D3, vitamina E, vitamina B1, biotina y pantotenato (p<0,05). Los tratamientos no tuvieron un efecto significativo sobre el índice de forma del huevo, la gravedad específica del huevo, las unidades Haugh y el grosor de la cáscara del huevo. Las gallinas alimentadas con la combinación NRC-Hy.D® también experimentaron una disminución significativa de huevos agrietados y sucios (0,70% y 0,44%, respectivamente) y un aumento de la deposición de 25-OH-D3 en comparación con el tratamiento NRC. Los resultados del presente estudio sugieren que el tratamiento local fue capaz de mejorar los parámetros de calidad de los huevos de las gallinas ponedoras, pero resultó en huevos más agrietados y sucios. OVN® redujo el número de huevos rotos y sucios, y mejoró la deposición de varias vitaminas en los huevos. Con la adición de Hy.D®, la resistencia de la cáscara y la deposición de 25-OH-D3 en los huevos también mejoraron, y las tasas de huevos agrietados y sucios disminuyeron.

Huevo enriquecido con selenio

La cáscara contiene la mayoría de los minerales de un huevo. Hay aproximadamente 2.200 mg de calcio y 20 mg de fósforo en la cáscara. Ha habido muy poco éxito en la modificación del contenido de calcio y fósforo de la albúmina y la yema. Sin embargo, es posible aumentar el contenido de selenio, yodo y cromo. Esto se ha hecho a través de la suplementación dietética de la gallina. Estos tres minerales son importantes para la salud humana. Por lo tanto, ha habido cierto interés en promover estos huevos como huevos de diseño. Sin embargo, estos productos aún no han aparecido en el mercado estadounidense.

El selenio (Se) es un oligoelemento esencial e indispensable para el funcionamiento normal del organismo, por lo que desempeña un papel fundamental en el mantenimiento de una salud óptima. Actualmente, la cantidad alimenticia recomendada (RDA) en EE.UU. y Canadá para los adultos humanos es de 55 μg/d (Institute of Medicine, 2000). Esta recomendación se basa en la cantidad de Se dietética requerida para maximizar la actividad de la glutatión peroxidasa en plasma. Sin embargo, hay pruebas de que una mayor ingesta de Se en la dieta en el rango de 100 a 300 µg/d puede tener posibles beneficios para la salud (Finley, 2007; Fisinin *et al.*, 2009; Schrauzer, 2003; Schrauzer y Surai, 2009). Schrauzer (2009) sugirió que la ingesta óptima de Se para los adultos está en el rango de 250 a 300 µg/d, lo que requeriría aumentar la ingesta de Se en 100 a 200 µg/d para la mayoría de las dietas norteamericanas. Este aumento de la ingesta de Se podría lograr ya sea a través de la suplementación o del consumo de alimentos enriquecidos con Se. Cabe señalar que aunque el Se es un nutriente esencial, el exceso de ingesta de Se puede tener efectos tóxicos. Sin embargo, la ingesta óptima de Se propuesta por Schrauzer (2009) es menor que el nivel sin efectos adversos de 800 µg/d propuesto para Canadá y Estados Unidos (Institute of Medicine, 2000).

Varios estudios han examinado el potencial para enriquecer el contenido de Se de varios artículos dietéticos, incluyendo los huevos. De hecho, se ha demostrado que los huevos son un vehículo efectivo para complementar el Se en la dieta. El contenido de Se en los huevos se manipula fácilmente cuando las gallinas son alimentadas con formas orgánicas de Se (por ejemplo, selenometionina). Se ha demostrado que los huevos enriquecidos con selenio son una buena fuente de Se para los humanos (Surai *et al.*, 2007). Además, el huevo es un alimento tradicional y asequible en muchos países y culturas, por lo que los huevos enriquecidos con Se- deberían ser realmente aceptables.

La mayoría de los estudios que examinan el enriquecimiento en Se de los huevos han alimentado a las gallinas con dietas que sólo contienen de 0,3 a 0,5 µg de Se/g de dieta, el límite legal actual en la mayoría de las jurisdicciones. Las gallinas alimentadas con fuentes orgánicas de Se a estos niveles producen huevos que contienen 10 a 29 µg de Se, o 18 a 53% de la RDA de EE.UU. y Canadá (Moksnes, 1983; Paton *et al.*, 2002; Payne *et al.*, 2005; Chantiratikul et al., 2008). Con respecto a la sugerencia de Schrauzer (2009) de que los humanos adultos deberían consumir aproximadamente 250 a 300 µg de Se/d, para que una persona pueda obtener 100 a 200 µg adicionales de Se/d dietéticos, se necesitarían consumir 2 huevos que contengan 50 a 100 µg de Se cada uno. Esto requeriría alimentar a las gallinas con una dieta que contenga más de 1 µg de Se/g de dieta (Moksnes, 1983; Payne *et al.*, 2005; Vukasinovic et *al.*, 2006; Chantiratikul *et al.*, 2008). Sin embargo, dado que son relativamente pocos los estudios realizados que emplean estos niveles dietéticos y la aparente variabilidad entre estudios en la Se del huevo, se necesita más trabajo para describir mejor la respuesta del contenido de Se del huevo a la alta ingesta de Se en la dieta.

De Lange y Elferink (2005) fundaron que con el selenio orgánico es posible producir huevos enriquecidos con Se- con 0.50 mg Se por kg de contenido de huevo o alrededor de 30 mg por huevo. Tal huevo enriquecido con Se- al día puede satisfacer la mitad de los requerimientos diarios de selenio para hombres y mujeres adultos. Con el selenio orgánico de Sel-Plex los niveles de Se- en los huevos analizados en este ensayo corresponden muy bien con el valor predicho por la ecuación de Paton *et al.* (2000) como se muestra en la Figura (7).

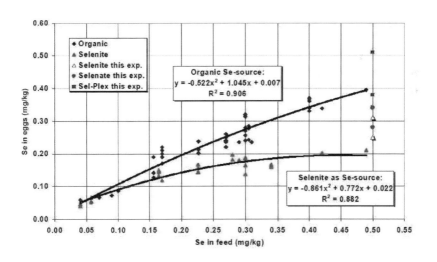

Figura (7): Relación entre el Se-contenido en el alimento y los huevos (Paton *et al.*, 2000)

El objetivo de Bennett y Chang (2010) fue examinar el efecto de los niveles más altos de Se orgánico en la dieta sobre la producción, la masa de huevo y los niveles de Se en el huevo. Estas fueron evaluadas alimentando a 3 razas de gallinas ponedoras (Barred Plymouth Rock, Lohmann Brown, Lohmann White) con una dieta basal que contenía 0.3 µg de Se/g de dieta como Na_2SeO_3. En esta dieta, la levadura Se (SelenoSource AF 600), una fuente orgánica de Se, fue añadida a 1.0, 2.4, o 5.1 µg de Se/g de dieta durante 4 semanas. El consumo de alimento, la producción de huevos y la masa de huevo no se vieron afectados por la concentración de Se en la dieta en las 3 razas. Dentro del rango de niveles de Se empleados en la dieta de las gallinas ponedoras, el contenido de Se del huevo aumentó linealmente a medida que los niveles dietéticos de Se aumentaron. Los resultados de este estudio indican que la alimentación con hasta 5,1 µg/g de Se no afectará a la producción de huevos y al bienestar de la gallina ponedora y es una forma práctica de producir huevos enriquecidos con Se para los consumidores.

Huevo enriquecido con zinc

El zinc tiene papeles significativos en el organismo probablemente porque es un cofactor de más de 200 enzimas. Una de las funciones más significativas del zinc está relacionada con su papel antioxidante y su participación en el sistema de defensa antioxidante (Powell, 2000). En dos estudios, las gallinas alimentadas con niveles muy altos de zinc (1762 o 1861 µg Zn/g dieta) durante 4 a 40 semanas produjeron huevos que contenían 57-90% más zinc que los huevos producidos por las gallinas alimentadas con dietas de control (28 o 26 µg Zn/g dieta). Las gallinas alimentadas con altos niveles de zinc (218 o 257 µg Zn/g diet) produjeron huevos que contenían hasta un 25% más de zinc que los huevos producidos por las gallinas alimentadas con dietas de control. La ingestión de exceso de zinc no tuvo efectos consistentes en el contenido de hierro o cobre de los huevos o en el contenido de zinc de las cáscaras de huevo (James *et al.*, 1988).

Bahakaim *y otros* (2014) compararon dos tipos de cinc, el cinc inorgánico como sulfato de cinc (ZnSo4 7H2O) y el cinc orgánico como metionina de cinc para obtener niveles de concentración 0.0, 50, 100 y 150 mg de suplemento de zinc/kg de dieta para investigar el efecto de los diferentes niveles dietéticos y fuentes de zinc y su interacción en la concentración de zinc en el huevo y el investigador concluyó que el suplemento de la dieta de las gallinas ponedoras con 150 mg de zinc como metionina de zinc/kg de dieta daba un huevo enriquecido con zinc que podía suministrar el 19,45 % de los requerimientos diarios de zinc para los niños de 1 a 8 años y adicionalmente daba un avance en el rendimiento productivo de las gallinas ponedoras (Tabla 10).

Tabla (10): Contenido de zinc en el huevo (mg /100 g de huevo) según los niveles y la fuente de los suplementos de zinc y su interacción

Artículo	Niveles de zinc	mg/kg dieta					Fuente de zinc		
	Control	50	100	150	±SEM	Sig	Inorgánico	Orgánico	Sig
Contenido de	1.25d	1.38c	1.84b	2.18a	±0.055	**	1.61b	1.71a	**

Artículo	Inorgánico			Interacción mg/kg dieta		Orgánico			dieta	Sig
	Control	50	100	150		Control	50	100	150	
Contenido de zinc en el huevo	1.19f	1.22f	1.91c	2.13b		1.31e	1.54d	1.77d	2.23a	**

Se observó un antagonismo de los minerales, Skrivan *et al.* (2005) registraron un antagonismo de Zn-Cu, la deposición de Zn en la yema fue significativamente disminuida por la adición de Cu y viceversa.

El enriquecimiento de Zn en la yema de huevo de codorniz aumentó cuando las aves recibieron dietas suplementadas con 80, 120 y 160 mg/kg de Zn en comparación con el grupo control (P<0,05). Las codornices suplementadas con 80, 120 y 180 mg/kg de Zn tenían cáscaras de huevo más fuertes que las alimentadas con la dieta de control, mientras que el grosor de la cáscara era menor en las aves suplementadas con 0 y 40 mg/kg de Zn (Aghaei *et al.*, 2017).

Huevo enriquecido con hierro

Park *et al.* (2004) observaron que el contenido de hierro en el huevo fue maximizado a los 10-15 días después de la alimentación suplementaria con Fe. El quelato de fe-metionina fue la fuente más eficaz para enriquecer el Fe de los huevos, seguido por Availa-Fe짜y FeSO4. Aumentar el nivel de Fe suplementario más de 100 ppm no fue efectivo en los tratamientos con quelato de Fe-metionina y Availa-Fe찌. Se logró un enriquecimiento promedio de Fe del 18% después de alimentar con Fe-Metionina-100 durante 15 días. Concluyeron que el enriquecimiento de Fe en el huevo podía lograrse mediante la suplementación de Fe-Metionina-100 durante 15 días, como se muestra en la figura (8).

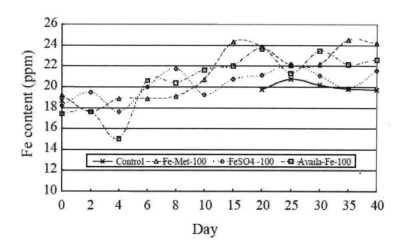

Figura (8): Cambio del contenido de Fe en la yema de huevo por el momento de la suplementación de hierro.

Skrivan *et al.* (2005) encontraron que la suplementación de la dieta basal con Fe aumentó la concentración de Fe en la yema y la clara de huevo en 6.3 y 2.2%, respectivamente. Sin embargo, la combinación de Fe con Zn y Cu aumentó la concentración de Fe en la yema y el blanco en 36.7 y 34.9%, respectivamente.

Nehad *et al.* (2010) encontraron que la mayor concentración de hierro en el huevo se observó en gallinas (cepa local egipcia) a las 24 semanas de edad) alimentadas con una dieta suplementaria de 200 Mg Fe/kg en combinación con Cu y Zn. Seguido de los alimentados con 100 mg Fe/kg, siendo los mismos elementos anteriores 3,85 y 3,59 mg/100 gm de huevo respectivamente.

Huevo con sabor

Los huevos contienen más de 100 componentes de sabor volátil, los resultados finales pueden ser descritos como suaves o sosos. Sin embargo, las yemas de huevo contienen grasas que pueden transportar y ayudar a la liberación de sabores de otros ingredientes dentro de una formulación. De hecho, es esta capacidad de llevar otros sabores lo que ayuda a crear alimentos que los consumidores reconocen y disfrutan, ya que las grasas impactan en múltiples propiedades reológicas y sensoriales como el sabor, la sensación en la boca y la textura. Es difícil que las versiones reducidas en grasa o con poca grasa de las formulaciones tradicionales imiten la calidad del producto tradicional. Por ejemplo, las formulaciones con grasa eliminada liberarán sabores como el chocolate y la vainilla más rápidamente que en una fórmula hecha con niveles tradicionales de grasa, (Stadelman y Cotterill, 1995).

Ciertas comidas de pescado en la dieta causaron sabores mohosos, rancios y de pescado en los huevos. Estas características indeseables se intensificaron cuando los huevos se almacenaron durante 4 semanas a 10°C. Los huevos producidos al principio del ciclo de puesta fueron superiores en sabor a los puestos 5 meses después. Los huevos de aves alimentadas con harina de merluza fueron generalmente clasificados como de menor sabor aceptable que los huevos producidos con niveles iguales de harina de arenque de la Columbia Británica (B.C.) en la ración. El uso de harina de arenque atlántico canadiense (Nueva Escocia, Terranova) dio como resultado huevos que tenían un sabor más bajo (P = 0.05) que la harina de arenque de British Columbia. El diez por ciento de la harina de pescado resultó en un sabor de huevo indeseable, excepto cuando la harina de anchoveta peruana fue alimentada al principio del ciclo de puesta en la Serie II-A. Las comparaciones de los efectos de los niveles del 5% de algunas comidas de pescado, y sus aceites a los niveles encontrados en las comidas, indicaron que la causa del sabor desagradable no está contenida específicamente en el aceite de pescado. Sin embargo, un nivel más alto (1.5%) de aceite, resultó en huevos sin sabor, especialmente cuando se alimentó con aceite de anchoveta peruana (Koehler y Bearse, 1975; Stadelman y Cotterill, 1995).

Bolukbasi *y otros* (2010) realizaron un estudio para investigar el efecto de la suplementación dietética de aceite de bergamota (*Citrus bergamia*) (0, 0.5, 1.0, 1.5 ml/kg) en el rendimiento, la calidad del huevo y la composición de los ácidos grasos de la yema de huevo de las gallinas ponedoras. Los resultados revelaron que la adición de aceite de bergamota redujo las proporciones de los ácidos grasos omega 3 n-6/n-3 de la yema de huevo y aumentó la proporción de DHA y n-3 de la yema de huevo. Se puede concluir que la adición de aceite de bergamota, especialmente a una dosis de 1,5 ml/kg, tuvo efectos positivos sobre los valores de rendimiento y los criterios de calidad del huevo debido al efecto positivo del sabor de la bergamota.

Se realizó un estudio para investigar el potencial del ajo en polvo (GP) para mejorar la eficiencia de la producción y la calidad del huevo. La evaluación organoléptica de los huevos de las aves tratadas reveló un fuerte sabor a ajo en los huevos del grupo 5% GP en comparación con los grupos control y 3% GP. Los resultados de este estudio sugieren que la GP dietética mejoró el peso del huevo y la calidad de la albúmina con un fuerte sabor a ajo a niveles dietéticos altos (Olobatoke y Mulugeta, 2011).

Un novedoso estudio en Irak y en el mundo, Al-Shadeedi y Hamad para producir un huevo con sabor de diseño a través del uso de diferentes concentraciones de dos tipos de sabores alimentarios utilizados en el alimento, el primero es el de vainilla y el segundo es el de naranja, así como mejorar algo de la evaluación cualitativa y sensorial de los huevos producidos a partir de aves codornices japonesas. Los animales fueron Primero: :divididos en cinco grupos con dos réplicas para cada grupo Grupo de control (sin ningún tipo de adición), Segundo: se añadió un 1% Tercero: se añadió un 0,5% de sabor a vainilla Cuarto: .de sabor a vainilla Quinto: Se añadió un 0,5% de sabor .se añadió un 1% de sabor a naranja

Los resultados revelaron que no hay diferencias .a naranja estadísticamente significativas en las características de calidad del huevo producido durante los primeros tres meses del período de producción del huevo, que incluyen el porcentaje de yema, el porcentaje de albúmina, el porcentaje de cáscara, el alto nivel de albúmina, la unidad Haugh y el índice de yema. No hubo diferencias significativas entre todos los parámetros de la evaluación sensorial de los huevos en todos los grupos del estudio, que incluyeron la aceptabilidad general, la apariencia y el sabor en el primer y segundo período del estudio. En el tercer período, hubo diferencias significativas ($P<0.01$) en el sabor que apareció como más alto en el segundo y cuarto grupo en comparación con todos los grupos restantes, incluyendo el grupo de control. En cuanto a las características de apariencia y aceptación general, no se observaron diferencias significativas entre todos los grupos de tratamiento. Por otro lado, los resultados del cuarto período del estudio indicaron que no hubo diferencias significativas entre todos los grupos en cuanto a las características de apariencia y aceptación general, excepto en el sabor y el color de la yema, que mostraron las diferencias significativas. Sin embargo, en el quinto período del experimento se mostraron diferencias significativas en la característica de aceptación cuando el segundo grupo mostró el valor más alto significativo ($P<0,01$) (2,45) en comparación con todos los demás grupos. Mientras tanto, el primer grupo (control) mostró el valor significativo más bajo (2,06) en comparación con todos los demás grupos. Mientras que la característica de apariencia no mostró diferencias significativas ($P \geq 0.01$) en todos los grupos de experimentos. Sin embargo, el segundo y cuarto grupo respectivamente, mostraron el mayor porcentaje comparado con todos los demás grupos y eso coincidió con un cambio positivo en el sabor que apareció muy claramente por las observaciones de los probadores que revelaron la presencia de los dos sabores (vainilla y naranja) añadidos y cada uno según su grupo (Cuadro 11). En conclusión, los investigadores sugieren la posibilidad de producir un huevo de mesa de diseño de aves de codorniz japonesa, con sabor a vainilla y/o naranja, y que al agregar 0.5% o 1% respectivamente de estos saborizantes comerciales a la dieta de las .aves

Tabla (11): Evaluación sensorial de los huevos cocidos aromatizados.

Parámetros	Control	Sabor a vainilla (1.0%)	Sabor a vainilla (0.5%)	Sabor a naranja (1.0%)	Sabor a naranja (0.5%)
Aceptable	2.06 ±0.08 B	2.45 ±0.14 A	2.23 ±0.11 AB	2.13 ±0.09 AB	2.36 ±0.11 AB
Apariencia	1.99 ±0.20	1.93 ±0.19	1.99 ±0.12	2.00 ±0.13	2.05 ±0.14
Sabor	1.90 ±0.23 B	2.72 ±0.06 A	2.12 ±0.16 B	2.70 ±0.17 A	2.36 ±0.16 AB
Cambio de sabor	—	+	+	+	+
Cambio de color	—	+	±	+	±

Estabilidad oxidativa de los huevos de diseño n-3 bajo diferentes métodos de cocción

Actualmente es común encontrar huevos de diseño con niveles mejorados de algunos nutrientes beneficiosos como los ácidos grasos poliinsaturados (AGPI) n-3, el selenio y la vitamina E. Los AGPI n-3 mejoran la respuesta de los anticuerpos, el aprendizaje espacial y la memoria en comparación con los AGPI n-6 (Hajjar *et al.*, 2012; Hintze *et al.*, 2016) y la proporción n-6/n-3 se utiliza cada vez más como índice en la nutrición funcional. Sin embargo, la estabilidad de los AGPI entre la granja y la horquilla y la relación n-6/n-3 no están claras y varían entre los productos. Se sabe que la estabilidad oxidativa del contenido de AGPI en el huevo es inestable (Pereira *et al.*, 2011; Meynier *et al.*, 2014). En general, cuanto más dobles enlaces posean n-3 y n-6, mayor será la inestabilidad térmica y la velocidad de oxidación de los ácidos grasos (Torres -Giner *et al.*, 2010).

Un estudio anterior de Van Elswyk *y otros* (1992) demostró que el hervido corto y el revuelto a baja temperatura no tenían un efecto significativo en los perfiles de ácidos grasos de los huevos enriquecidos con ácidos grasos n-3. Sin embargo, Murica *et al.* (1999) informaron de que la cocción del huevo mediante métodos de cocción prolongada, revuelto y cocción en el microondas afectaba negativamente al perfil de ácidos grasos y *al* contenido de vitamina E. Más recientemente, Ren *et al.* (2013) mostraron que la proporción n-6/n-3 sólo aumentaba en los huevos cocidos al freírlos y no al hervirlos. Sin embargo, Douny *y otros* (2015) no observaron ningún efecto significativo de la cocción y el revuelto en los AGPI y el contenido de ácidos grasos n-3 del huevo. La industria del huevo, en respuesta, produjo huevos con mayor estabilidad oxidativa al fortificar los huevos con vitamina E, selenio, AGPI de origen algal o pasteurización. Aunque el enriquecimiento del huevo mejoró la estabilidad oxidativa de los huevos frescos (Bourre y Galea, 2006; Mohiti-Asli *et al.*, 2008), no está claro si protege el contenido de AGPI del huevo cocido, como producto final de consumo.

Maroufyan *y otros* (2017) estudiaron la variación del tiempo de cocción, la temperatura y la fuente de calentamiento que puede afectar en gran medida la estabilidad de doble enlace de los ácidos grasos poliinsaturados (PUFA) en los huevos. Se llevó a cabo un estudio para determinar la estabilidad oxidativa del contenido de AGPI de los huevos de diseño sometidos a diferentes métodos de cocción. Se obtuvieron un total de 160 huevos de 4 marcas comerciales cocinándolos, (ii) hirviéndolos, (iii) friéndolos y (iv) poniéndolos en el microondas. Los resultados mostraron que la marca y el método de cocción influyeron significativamente en el contenido de PUFA en los huevos. B tenía los contenidos más altos de AGPI n-3 y n-6, y la proporción más baja de AGPI n6/n-3 en comparación con las marcas A, B y D. La marca B tenía la concentración más baja de malondialdehído (MDA) en comparación con otras marcas. La relación n-6/n-3 de los AGPI no se vio afectada por el método de cocción sólo en las marcas C y D (P>0,05). En conclusión, el hervido parecía ser el método más y el menos adecuado para cocinar huevos en el microondas, medido por el contenido de AGPI y MDA.

Capítulo Cuatro

Nuevos términos del huevo

Enriquecimiento o Fortificación

Se refiere a la práctica de aumentar deliberadamente el contenido de un micronutriente esencial, es decir, vitaminas y minerales (incluidos los oligoelementos) en un alimento (huevo), independientemente de si los nutrientes se encontraban originalmente en el alimento antes de su procesamiento o no, con el fin de mejorar la calidad nutricional del suministro de alimentos y proporcionar un beneficio para la salud pública con un riesgo mínimo para la salud (MFBC, 2017).

Fortificación o enriquecimiento de los alimentos

Es el proceso de añadir micronutrientes (oligoelementos y vitaminas esenciales) a los alimentos (huevo). A veces es una opción puramente comercial para proporcionar nutrientes adicionales en un alimento, mientras que otras veces es una política de salud pública que tiene como objetivo reducir el número de personas con deficiencias en la dieta dentro de una población. Los alimentos básicos de una región pueden carecer de nutrientes particulares debido al suelo de la región o a la insuficiencia inherente de una dieta normal. La adición de micronutrientes a los alimentos básicos y a los condimentos puede prevenir las enfermedades carenciales a gran escala en estos casos (OMS, FAO, 2016).

Tabla (12): Diferencias entre el enriquecimiento de los alimentos y la suplementación.

Fortificación de alimentos	Suplemento alimenticio
El proceso por el cual se añaden nutrientes a los alimentos para mantener o mejorar la calidad de la dieta de un grupo, una comunidad o una población. OMS	La suplementación alimentaria se refiere a la suplementación o suministro de fuentes concentradas de nutrientes (es decir, minerales y vitaminas) u otras sustancias destinadas a complementar los nutrientes de la dieta.
La fortificación se refiere a la adición de vitaminas o minerales a los alimentos con el fin de aumentar su calidad nutricional.	La suplementación se refiere a la suplementación de vitaminas, minerales u otros nutrientes específicos para las personas con el fin de abordar su deficiencia nutricional.
Los alimentos fortificados suelen contener vitaminas, minerales o ambos.	La suplementación usualmente incluye un suplemento específico a la vez
Es la adición de micronutrientes a los alimentos	Se trata de la administración directa de suplementos de micronutrientes a la persona destinataria
El enriquecimiento de los alimentos está dirigido **a una gran proporción de la población**	La suplementación está dirigida a una proporción **pequeña/selectiva de la población**
El enriquecimiento de los alimentos se	Los complementos alimenticios están

realiza para prevenir la deficiencia nutricional o mejorar el estado nutricional de las personas	destinados a corregir las deficiencias nutricionales.
El enriquecimiento de los alimentos es una estrategia basada en los alimentos	La suplementación es una estrategia no basada en alimentos
Se realiza a medio y largo plazo	**Se realiza a corto y medio plazo**
Se administra a la población con riesgo leve o moderado de deficiencia nutricional	Se da a la población con alto riesgo de deficiencia nutricional
El enriquecimiento de los alimentos se realiza generalmente **en los alimentos básicos** para que sean consumidos regularmente por las personas	La suplementación alimentaria no requiere de alimentos básicos, ya que se da directamente al público objetivo.
La fortificación se considera una medida de intervención a largo plazo	La suplementación se considera una medida de intervención a corto plazo
Es un proceso regular y continuo durante un largo período de tiempo	La suplementación se realiza una sola vez o de forma periódica o implica el consumo regular de suplementos durante un período de tiempo limitado
Mejora principalmente el valor nutricional de los alimentos	No se trata de un proceso de mejora del valor nutricional de los alimentos, ya que se entrega directamente a los beneficiarios seleccionados.
No tiene un impacto inmediato en el estado nutricional o en el resultado funcional de la persona	Tiene un impacto inmediato en el estado nutricional o en el resultado funcional de la persona
El propósito del enriquecimiento de los alimentos es fortificar la dieta normal con una dosis baja de nutrientes	El propósito de los suplementos alimenticios es complementar la dieta normal con fuentes concentradas de

adicionales.	nutrientes u otras sustancias
El enriquecimiento no incluye la forma altamente concentrada de nutrientes	**La suplementación incluye formas altamente concentradas de nutrientes**
Algunos ejemplos comunes de fortificación de alimentos son: fortificación con yodo en la sal, fortificación con hierro en el trigo, vitamina A en la harina y fortificación casera de alimentos complementarios con MNP.	**Algunos ejemplos comunes de suplementación de alimentos son: suplementación de vitamina A** para niños de 6 a 59 meses, suplementación de hierro para mujeres embarazadas y lactantes, zinc en el manejo de la diarrea, etc.
El **costo de los alimentos fortificados es bajo**	El **costo de la suplementación es relativamente alto**
Los alimentos seleccionados para el enriquecimiento deben ser aquellos que son consumidos por la mayoría de la población	La suplementación alimentaria no requiere el consumo de la mayoría de la población
El enriquecimiento de los alimentos no requiere ninguna modificación de la conducta o el cumplimiento de los alimentos enriquecidos	La suplementación de alimentos requiere una modificación del comportamiento o el cumplimiento de las normas
La sobredosis de nutrientes es poco probable	Mayores posibilidades de sobredosis de nutrientes, si se toman en más de la cantidad recomendada
El enriquecimiento de los alimentos es un proceso relativamente difícil porque debe garantizar la estabilidad de los nutrientes añadidos, la interacción adecuada de los nutrientes añadidos con los otros nutrientes disponibles, la ausencia de cambios en las propiedades	El enriquecimiento de los alimentos es un proceso relativamente fácil, ya que no implica una mezcla/interacción de nutrientes.

físicas de los alimentos, etc.

(**Sandesh A**. 2018)

Farmacéutico o Farmacéutico alimentario

Es un producto alimenticio (huevo) con un aditivo farmacológico destinado a mejorar la salud, por ejemplo, para reducir el colesterol (MedicineNet, 2018a). El huevo farmacéutico es una nueva biotecnología que se está utilizando para desarrollar pollos genéticamente modificados que producen compuestos que pueden ser cosechados de los huevos. Estos compuestos incluyen insulina para el tratamiento de la diabetes. La gallina, como todos los animales, produce anticuerpos para neutralizar los antígenos (virus, bacterias, etc.) a los que se expone cada día. Estos anticuerpos circulan por todo su cuerpo y se transfieren a su huevo como protección para el polluelo en desarrollo. Los inmunólogos están aprovechando el hecho de que la gallina puede desarrollar anticuerpos contra una gran variedad de antígenos y concentrarlos en el huevo. Ahora se están seleccionando antígenos específicos y se están inyectando en la gallina que desarrolla anticuerpos contra ellos. A medida que se adquieran nuevos conocimientos biotecnológicos en esta área, es posible que en el futuro se produzcan huevos de diseño que resulten en una gama de anticuerpos para el tratamiento contra los venenos de serpiente para contrarrestar los microorganismos que causan caries.

Huevo funcional

Un alimento modificado (huevo) que afirma mejorar la salud o el bienestar proporcionando un beneficio más allá de los nutrientes tradicionales que contiene. Los alimentos funcionales (huevo) pueden incluir artículos como cereales, panes, bebidas fortificadas con vitaminas, algunas hierbas y nutracéuticos (MedicineNet, 2018b).

Huevo dietético (o huevo dietético)

se refiere a cualquier alimento (huevo) cuya receta se altera para reducir la grasa, los carbohidratos, aborrecer/apagar el azúcar con el fin de que forme parte de un programa o dieta de pérdida de peso (Wikipedia, 2018).

Huevo orgánico

Hasta hace poco tiempo no existía ningún estándar establecido para la producción de productos avícolas orgánicos. El USDA (2001) está trabajando actualmente en el desarrollo de estándares legales. Muchos estados, incluyendo la Florida, han establecido normas para los productos orgánicos. Para ser certificados como orgánicos, los huevos deben ser producidos de gallinas que han sido alimentadas con alimento orgánico certificado que fue producido sin pesticidas o herbicidas sintéticos, antibióticos o cultivos genéticamente modificados. Además, no se pueden usar plaguicidas sintéticos para controlar los parásitos externos e internos. Típicamente, los huevos orgánicos también se producen a partir de gallinas en sistemas sin jaulas (Small Footprint Family, 2018).

Huevo de corral

Los huevos de corral se producen a partir de gallinas que pueden pastar o vagar al aire libre. Sin embargo, no es necesario que las gallinas estén al aire libre todo el tiempo. Típicamente, las gallinas se alojan en un gallinero que tiene acceso al exterior. Las gallinas tienen la posibilidad de salir al aire libre durante el día, aunque también pueden optar por quedarse en el interior. El rebaño suele estar encerrado en el interior por la noche para proteger a las gallinas de los depredadores. No hay un estándar establecido sobre cuánto rango debe estar disponible para las gallinas (Small Footprint Family, 2018).

Huevo de pasto

La cría de pollos en pastos es una modificación del sistema de cría en libertad. Las aves permanecen en el pasto todo el tiempo, pero están confinadas dentro de un corral portátil. El corral se mueve diariamente para dar a las aves acceso a pastos frescos. El corral portátil suele tener una parte cubierta para proteger a las gallinas de los elementos (Vital Farms, 2017).

Figura (9): Pollos criados en pastos

Los verdaderos huevos de gallinas criadas en pastos son más nutritivos que los que se obtienen de las jaulas, de las operaciones de confinamiento o de las jaulas en batería. Sin embargo, los productores de campo no son auditados por terceros a menos que los huevos también estén certificados como orgánicos. La etiqueta "Pasture-Raised" tampoco está regulada y no tiene estándares uniformes, por lo que, una vez más, es una buena idea hacer un poco de investigación o usar el Organic Egg Brand Scorecard. Bienestar de los animales Las gallinas aprobadas viven en ambientes libres de jaulas con acceso real a los pastos al aire libre. Son capaces de moverse libremente, socializar y participar en comportamientos naturales que promueven la salud. El recorte de pico y la muda forzada están prohibidos. Esta es una certificación relativamente poco común en este momento, pero con su ayuda, su uso podría crecer (Small Footprint Family, 2018). Los beneficios de los huevos criados en pastos son:

Los huevos criados en los pastos contienen un 70% más de vitamina B12 y un 50% más de ácido fólico.

Los huevos de pastoreo contienen 13 veces más omega-3 que los huevos comerciales de los Estados Unidos.

Los huevos criados en pastos tienen mayor contenido de vitamina E y omega-3 que los obtenidos de gallinas en batería.

Los huevos criados en pastos tienen un 10% menos de grasa, un 34% menos de colesterol, contienen un 40% más de vitamina A y son 4 veces más altos en omega-3 que los huevos de batería estándar de los Estados Unidos, y la carne de pollo criada en pastos tiene un 21% menos de grasa, un 30% menos de grasa saturada y un 50% más de vitamina A que la de los pollos en jaulas.

Los huevos criados en pastos tienen tres veces más omega-3 y son 220% más altos en vitamina E y 62% más altos en vitamina A que los huevos obtenidos de gallinas de jaulas en batería.

Huevos sin jaula o de libre circulación

Libre de jaula significa que la gallina no está confinada a una jaula y en su lugar puede vagar "libremente" en lo que es más probable que sea un gallinero sobrellenado. Los pollos criados sin jaula nunca ven la luz del día. La mayoría de las ponedoras comerciales de huevos se alojan en jaulas. El enjaulado de las gallinas tiene beneficios para las aves, los consumidores y los productores. La separación de las aves de sus heces es ventajosa para reducir el riesgo de enfermedades e infecciones parasitarias. Las condiciones de trabajo de los productores suelen ser mejores con las jaulas que con otros sistemas: la automatización es posible reduciendo la cantidad de trabajo físico, y el polvo y el amoníaco suelen ser menos frecuentes. Los huevos se colocan en el suelo inclinado de la jaula de forma que haya un mínimo contacto entre el huevo y la gallina. Esto disminuye la posibilidad de contaminación bacteriana del huevo. En cuanto al bienestar de las gallinas ponedoras, las jaulas tienen tanto ventajas como desventajas. Mientras que el tema de las jaulas y el bienestar de los animales sigue siendo objeto de debate, hay algunos consumidores que prefieren comprar huevos producidos de gallinas que no se mantienen en jaulas. Para satisfacer este nicho de mercado, algunos productores crían sus aves en un sistema "sin jaulas" o "de libre circulación". Es importante notar que "libre de jaula" no significa que las aves sean criadas al aire libre. Típicamente las aves se mantienen en el piso de un gallinero. Los mayores costes de producción asociados a este tipo de sistema de gestión se reflejan en el mayor precio de los huevos. El precio de los huevos "sin jaula" suele ser el doble que el de los huevos normales. A menudo el empaque de los huevos "sin jaula" puede confundir al consumidor sobre el producto que está comprando. Es común ver diseños en los cartones de huevos, incluyendo pollos que vagan libremente por el exterior. Este no es el caso de los huevos "sin jaula". Las gallinas siguen manteniéndose en el interior, pero no en jaulas (Kummer, 2018).

Huevo vegetariano

Los huevos vegetarianos son huevos que provienen de gallinas alimentadas con una dieta vegetariana o con una dieta que contiene sólo ingredientes de origen vegetal. El contenido de nutrientes de estos huevos es el mismo que el de los huevos normales. El interés en los huevos vegetarianos surge en respuesta a las preocupaciones sobre los pollos que comen subproductos animales, incluyendo los restos de otros pollos. Dado que el canibalismo ha sido vinculado con las Encefalopatías Espongiformes Transmisibles (EET) en muchas especies, algunas personas expresaron su preocupación de que los pollos que se alimentan de pollos podrían desarrollar dicha enfermedad, transmitiéndola potencialmente a las personas que los consumen. La preocupación por el consumo de subproductos del pollo también está relacionada con la repugnancia natural que muchas personas sienten cuando piensan en el canibalismo, ya que la práctica a menudo le parece equivocada a la gente (Atmaram, 2015).

Huevo con cáscara pasteurizado

Los huevos pasteurizados son huevos que han sido pasteurizados para reducir el riesgo de enfermedades transmitidas por los alimentos en platos que no se cocinan o que se cocinan muy poco. Pueden venderse como productos de huevo líquido o pasteurizados en la cáscara. El Código Alimentario de la Administración de Alimentos y Drogas de los Estados Unidos de 2013 define a los huevos de cáscara normal como un alimento potencialmente peligroso, es decir, un alimento que requiere control de tiempo/temperatura para su seguridad (TCS) para limitar el crecimiento de microorganismos patógenos o la formación de toxinas. Tratada térmicamente para matar la posible bacteria de la salmonela que se encuentra en su interior. Debido al procesamiento térmico, estos huevos pueden tener niveles ligeramente más bajos de vitaminas sensibles al calor. Envasado en forma líquida, congelada o seca. Se utiliza en recetas como el helado casero o en el aderezo para ensaladas César (FSIS, 2013).

Capítulo cinco

Referencias

Aghaei, A.; Khosravinia, H.; Mamuoei, M.; Azarfar, A. y Shahriari, A. 2017. Efectos de la suplementación dietética de Zinc y α-Tocopheryl Acetate en el rendimiento y las concentraciones de Zinc en el huevo y los tejidos de las codornices japonesas. Poultry Sci. J., 5(1): 57-64.

Ajuyah, A.O.; G. Cherian, Y.W. Wang, H.H. Sunwoo y J.S. Sim. 2003. Los ácidos grasos dietéticos maternos modulan el estado de los ácidos grasos poliinsaturados de cadena larga n-6 y n-3 del tejido cardiaco del pollo de engorde. Lípidos 38: 1257-1261.

Al-Obaidi, F.A. y Al-Shadeedi, Sh.M.J. 2014. Variación estacional del fenotipo del huevo y la composición química de la tórtola (*Streptopelia decaocto*) en Bagdad. J. Genet. El medio ambiente. Recurso. Conserv., 2014, 2(1): 69-73.

Al-Obaidi, F.A. y Al-Shadeedi, Sh.M.J. 2015. Estudio comparativo de la morfología del huevo, componente y composición química del avestruz, el emú y los pollos nativos. J. Genet. El medio ambiente. Recurso. Conserv., 3(2): 132-137.

Al-Obaidi, F.A. y Al-Shadeedi, Sh.M.J. 2016. Estudio comparativo de la morfología del huevo, componente y composición química del ánade azulón y del pato pekinés doméstico. J. Bio Innov., 5(4): 555-562.

Al-Obaidi, F.A. y Al-Shadeedi, Sh.MJ. 2017. Compare algunas aves nativas (Pollo, Pato Mallard, Codorniz y Pavo) en los componentes y la composición química de los huevos en Irak. Al-Anbar J. Vet. Cientifico, 10(1): 65-69.

Al-Obaidi, F.A. y Al-Shadeedi, Sh.MJ. 2018. Efecto de las estaciones de verano e invierno en las anomalías de los huevos de la cría al aire libre de algunas variedades de pollos nativos. Journal of Biodiversity and Environmental Science, 12(3): 220-225.

Al-Obaidi, F. A.; Al-Shadeedi, Sh. M. J. y Al-Dalawi, R. H. 2011. Características de calidad, químicas y microbianas de los huevos de mesa en las tiendas minoristas de Bagdad. International Journal of Poultry Science, 10(5): 381-385.

Al-Shadeedi, Sh. M. J. y Al-Hilfi, M. J. 2016. Estudiar el porcentaje y el tipo de anormalidades de la cáscara de los huevos de mesa comerciales en la ciudad de Bagdad. Journal of Modern Science and Heritage, 4(1): 97-108.

Al-Shadeedi, S.M.J.; Al-Obaidi, F.A. y Al-Dalawi, R.H. 2013. Cría y manejo de patos y gansos. 1ª ed., (en árabe). Al-Qima Press, Bagdad, Irak.

Al-Shadeedi, Sh.M.J. y Rashad, F.H. 2017. Efecto de la complementación de dos tipos de sabor de alimentos en la dieta sobre la calidad del huevo y la evaluación sensorial de la codorniz japonesa. Éufrates J. Agric. Cientifico, 9(4): 752-761.

Atmaram, P. 2015. ¿Qué es un huevo vegetariano? Quora. https://www.quora.com/Whats-a-vegetarian-egg

Bahakaim, A.S.A. Hmat. A. Abdel Magied, Sahar. M.H. Osman, Amal S. Omar N.Y. Abdel-Malak y Nehad, A. Ramadan. 2014. Efecto del uso de diferentes niveles y fuentes de zinc en las dietas de las ponedoras sobre el enriquecimiento de zinc en el huevo. Egipto. Poult. Cientifico, 34(I): 39-56.

Baucells, M.D., N. Crespo, A.C. Barroeta, S. Ló Pez-Ferrer, y M.A. Grashorn. 2000. Incorporación de diferentes ácidos grasos poliinsaturados en el huevo. Poult. Sci., 79: 51-59.

Bean, L.D. y S. Leeson. 2003. Efectos a largo plazo de la alimentación con linaza sobre el rendimiento y la composición de los ácidos grasos del huevo de las gallinas marrones y blancas. Poultry Sci., 82: 388-394.

Bello, A.U. 2017. Estabilidad oxidativa de los ácidos grasos poliinsaturados de los huevos de diseño n-3 bajo diferentes métodos de cocción. Journal of Animal Science 20(2): 75-81.

Bennett, D.C. y Cheng, K.M. 2010. Enriquecimiento en selenio de los huevos de mesa. Poultry Sci., 89(10): 2166-2172.

Bolukbasi, S. C., U. Hilal, M. K. Erhan y A. Kiziltunc. 2010. Efecto de la suplementación dietética con aceite de bergamota (*Citrus bergamia*) sobre el rendimiento y el perfil metabólico sérico de las gallinas, la calidad del huevo y la composición de los ácidos grasos de la yema durante el período de puesta tardía. Arch. Geflugelk., 74 (3): 172-177.

Bourre, J.M. y Galea, F. 2006. Una importante fuente de ácidos grasos omega-3, vitaminas D y E, carotenoides, yodo y selenio: un nuevo huevo natural multienriquecido. J. Nutr., Health Aging 10(5): 371-376.

Boushey, C. J., S. A. Beresford, G. S. Omenn, y A. G. Motulsky.1995. Una evaluación cuantitativa de la homocisteína en plasma como factor de riesgo de enfermedad vascular. Probables beneficios de aumentar la ingesta de ácido fólico. JAMA, 274: 1049-57.

Bufano, S. 2000. Mantener los huevos seguros desde la granja hasta la mesa. Tecnología de los alimentos, 54(8): 192.

Burley RW y Vadehra DV. 1989. La química y la biología del huevo de ave. 1ª ed., John Wiley, Sons, Nueva York, Toronto.

Chantiratikul, A., O. Chinrasri y P. Chantiratikul. 2008. Efecto del selenito de sodio y del zinc-l-selenometionina en el rendimiento y la concentración de selenio en los huevos de las gallinas ponedoras. Asiático-Australiano J. Anim. Sci., 21: 1048-1052.

Cherian, G. 2002. Estrategias de modificación de lípidos y alimentos avícolas nutricionalmente funcionales. En: T. Nakano y L. Ozimek eds., Food Science and Product Technology. Research Sign Post, Trivandrum, India; pp.77-92.

Cherian, G. 2008. Huevos y salud: Fuentes de nutrientes y portadores de suplementos. En: R.R. Watson ed., Complementary and Alternative Therapies and the Aging Population. Academic Press, San Diego, CA, USA. pp.333-346.

Cherian, G., F. H. Wolfe y J. S. Sim. 1996a. Alimentación de aceites dietéticos con tocoferoles. Efectos sobre las cualidades internas de los huevos durante el almacenamiento. J. Food Sci., 61:15-18.

Cherian, G., F. H. Wolfe y J. S. Sim. 1996b. Aceites dietéticos con tocoferoles añadidos: efectos sobre los tocoferoles del huevo o del tejido, los ácidos grasos y la estabilidad oxidativa. Poult. Ciencia 75: 423-431.

Czeizel, A. E. , Puho, H. E. , Ácsm, N. , Bánhidy, F. 2008. Delineación del síndrome de anomalías congénitas múltiples en la descendencia de mujeres embarazadas afectadas por trastornos maternos relacionados con la fiebre alta. Un estudio basado en la población. Congénito. Anom., 48: 126-136.

De Lange, L.L.M. y G. Oude Elferink. 2005. Produciendo huevos enriquecidos con selenio mediante el uso de Se-fuentes orgánicas e inorgánicas en el alimento: XI Simposio Europeo sobre la Calidad de los Huevos y los Productos de Huevo Doorwerth, Países Bajos, 23-26 de mayo de 2005.

Designhill, 2019. 9 Reglas para iniciar su propia granja avícola. https://www.designhill.com/design-blog/rules-for-starting-your-own-poultry-farm/

Douny, C., Khoury, R.E., Delmelle, J., Brose, F., Degand, G., Moula, N., Farnir, F., Clinquart, A., Maghuin-Rogister, G. y Scippo, M.L. 2015. Efecto del almacenamiento y la cocción en el perfil de ácidos grasos de los huevos y la carne de cerdo enriquecidos con omega-3 comercializados en Bélgica. Food Sci. Nutr., 3(2): 140-152.

Finley, J.W. 2007. El aumento en el consumo de alimentos enriquecidos con selenio puede beneficiar la salud humana. J. Sci. Food Agric. 87: 1620–1627.

Fisinin, V.I., T.T. Papazyan, y P.F. Surai. 2009. Producir huevos y carne enriquecidos con selenio para mejorar el estado de selenio de la población general. Crit. Rev. Biotechnol., 29: 18-28.

FSIS, Servicio de Inspección e Inocuidad de los Alimentos del Departamento de Agricultura de los Estados Unidos. 2013. Evaluaciones de riesgo para *Salmonella enteritidis* en huevos con cáscara.

Gjorgovska, N. ; K. Filev y B. Chuleva, 2011. Huevos enriquecidos con vitamina E y selenio. Lucrări Ştiinţifice, 55: 319-323.

Hajjar, T., Goh, Y.M.; Rajion, M.A., Vidyadaran, S., Othman, F., Soleimani, A.F., Li, T.A. y Ebrahimi, M. 2012. El ácido graso poliinsaturado omega 3 mejora el aprendizaje espacial y la expresión génica de los receptores activados por el proliferador del peroxisoma del hipocampo (PPARα y PPARγ) en las ratas. BMC Neurosci., 13: 109.

Hayat, Z., G. Cherian, T.N. Pasha, F.M. Khattak y M.A. Jabbar. 2009. Efecto de la alimentación con lino y dos tipos de antioxidantes en la producción de huevos, la calidad del huevo y la composición lipídica de los huevos. J. Appl. Poult. Res. 18: 541-551.

Hayat, Z., T.N. Pasha, F.M. Khattak, Z. Nasir y S. Ullah. 2010a. Percepción del consumidor y disposición a comprar huevos de diseño enriquecidos con nutrientes en Pakistán. Euro. Poult. Sci. 74:145-150.

Hayat, Z., G. Cherian, T.N. Pasha, F.M. Khattak y M.A. Jabbar. 2010b. Evaluación sensorial y aceptación del consumidor de los huevos de gallinas alimentadas con semillas de lino y dos antioxidantes diferentes. Poult. Ciencia- 89:2293-2298.

Hayat, Z.; Muhammad, N. y Hussnain, R. 2014. Calidad del huevo y evaluación organoléptica de los huevos de diseño enriquecidos con nutrientes. Pak. J. Agri. Cientifico, 51(4): 1085-1089.

Los alimentos de HEDEGAARD. 2013. http://en.eggs.dk/the-egg/structure-of-the-egg.aspx

Hermes, J.C., 2006. Cría de rátidas: avestruces, emúes y ñandúes. Una publicación de la extensión del noroeste del Pacífico, Washington, D.C.

Hintze, K.J., Tawzer, J., y Ward, R.E. 2016. La concentración y la proporción de ácidos grasos esenciales influyen en la respuesta inflamatoria de los ratones con problemas de lipopolisacáridos. Prostaglandinas Leukot. Ácidos grasos esenciales, 111: 37-44.

Hitesh Jain, H. Parva Jani, Khushboo Patel, Priti Yadav, Kaenat Sindhi y T.Y Pasha. 1998. Huevos de diseño y especialidad: Una forma de mejorar la dieta humana. Pharmatutor-Art.

House, J.D., R.L. Jacobs, L.M. Stead, M.E. Brosnan y J.T. Brosnan. 1999. Regulación del metabolismo de la homocisteína. Enzima Adv. Reg. 39: 69-91.

House, J.D.; K. Braun, D.M. Ballance, C.P. O'Connor, y W. Guenter. 2002. El enriquecimiento de los huevos con ácido fólico a través de la suplementación de la dieta de las gallinas ponedoras. Poultry Sci., 81: 1332-1337.

Instituto de Medicina, OIM. 1991. Nutrición durante la lactancia. Washington, DC: National Academy Press.

James. L., M.E. Stahl, J. Cook y L. Greger. 1988. Contenido de zinc, hierro y cobre de los huevos de gallinas alimentadas con diferentes niveles de zinc. J. composición de la comida. Análisis, 1(4): 309-315.

Jia, W., B.A. Slominski, W. Guenter, A. Humphreys y O. Jones. 2008. El efecto de la suplementación enzimática en los parámetros de producción de huevos y la deposición de ácidos grasos omega-3 en gallinas ponedoras alimentadas con semillas de lino y canola. Poultry Sci. , 87: 2005-2014.

Kamińska, B.Z., R. Gąsior, y B. Skraba. 2001. Modificación del contenido de ácidos grasos poliinsaturados en los lípidos de la yema utilizando diversos cereales y mezclas de grasas animales en la dieta de las gallinas. J. Anim. Feed Sci., 10: 255-260.

Kang, J.X. 2008. La proporción de ácidos grasos omega-6/omega-3 es importante para la salud: Lecciones de células y animales modificados genéticamente. En: F. De Meester y R.R. Watson eds., Wild-Type Food in Health Promotion and Disease Prevention. The Columbus® Concept Humana Press; pp.35-50.

Kennedy, G.Y. y Vevers, H.G., 1976. Un estudio de los pigmentos de cáscara de huevo de las aves. Bioquímica y fisiología comparadas, Parte B: Bioquímica comparada, 55(1): 117-123.

Knapp, H.R., 1993. Dieta de ácidos grasos omega-3 y control de la presión arterial. En: Drevon, C.A., I. Baksaas y H.E. Krokan eds., Omega-3

Fatty Acids: Metabolism and Biological Effects, Birkhauser, Basilea, Suiza, pp.241-249.

Koehler, H.H. y Bearse, G.E. 1975. La calidad del sabor de los huevos se ve afectada por las comidas de pescado o los aceites de pescado en las raciones de puesta. Poultry Sci., 54(3): 881-889.

Kris-Etherton, P.M., D.S. Taylor, S. Yu-Poth, P. Huth, K. Moriarty, V. Fishell y R.L. Hargrove. 2000. Los ácidos grasos poliinsaturados en la cadena alimentaria en los Estados Unidos. Am. J. Clin. Nutrición, 71: 179S-188S.

Kummer, M. 2018. Valor nutritivo de los huevos pastoreados vs. los huevos normales

https://michaelkummer.com/health/nutritional-value-pastured-eggs-vs-regular-eggs/

Leeson, S. y Caston, L.J. 2003. Vitamina, enriquecimiento de los huevos. La Res. J. Applied Poultry, 12: 24-26.

Leskanich, C.O. y R.C. Noble. 1997. Manipulación de la composición de ácidos grasos poliinsaturados n-3 de los huevos y la carne de ave. Poult del mundo. Sci. J. , 53:153-155.

Linda, P. Case y Melody F. Raasch. 2011. Fat Requirements, en Canine and Feline Nutrition, 3ª ed., ScienceDirect, Elsevier B.V.

Lukanov, H.; A. Genchev, y A. Pavlov. 2015. Rasgos de color de los huevos de gallina con diferente pigmentación de la cáscara de huevo. Trakia J. Sci., 2: 149-158.

Manohar, G.R. 2015. Producción de huevos de diseño - Una visión general. Int. J. Sci. Environ. Tecnológico, 4(5): 1373 - 1376.

Maroufyan, E., Fadil, M., Bello, A.U., Ebrahimi, M., Goh, Y.M., y Soleimani, A.F. 2017. Estabilidad oxidativa de los ácidos grasos poliinsaturados de los huevos de diseño n-3 bajo diferentes métodos de cocción. Mal. J. Anim. Cientifico 20(2): 75-81.

Matt, D.; Veromann, E. y Luik, A. 2009. Efecto de los sistemas de alojamiento en la composición bioquímica de los huevos de gallina. Agronomía Res., 7(Número especial II), 662-667.

Mazalli, M.R., D.E. Faria, D. Salvador y D.T. Ito. 2004. Una comparación del valor de alimentación de diferentes fuentes de grasas para las gallinas ponedoras: 1. Características de rendimiento. J. Appl. Poult. Res. 13: 274-279.

MedicineNet, 2018a. Definición médica de los alimentos farmacéuticos. https://www.medicinenet.com/script/main/art.asp?articlekey=40716

MedicineNet. 2018b. Definición médica de alimento funcional. https://www.medicinenet.com/script/main/art.asp?articlekey=9491

Meynier, A., Leborgne, C., Viau, M., Schuck, P., Guichardant, M., Rannou, C. y Anton, M. 2014. Huevos enriquecidos con ácidos grasos n-3 y producción de yema de huevo en polvo: ¿un mayor riesgo de oxidación de lípidos? Química de alimentos. 153: 94–100.

MFBC, Fortificación con Micronutrientes y Desafío de la Biofortificación. 2017. Centro de Consenso de Copenhague. www.copenhagenconsensus.com. Recuperado el 2017-06-14.

Mohiti-Asli, M., Shariatmadari, F., Lotfollahian, H. y Mazuji, M.T. 2008. Efectos de complementar las dietas de las gallinas ponedoras con selenio y vitamina E en la oxidación de lípidos de la calidad del huevo y en la composición de los ácidos grasos durante el almacenamiento. Puede. J. Anim. Sci., 88(3): 475-483.

Moksnes, K. 1983. Depósito de selenio en los tejidos y huevos de las gallinas ponedoras a las que se les ha dado un excedente de selenio como selenometionina. Acta Vet. Escándalo, 24: 34-44.

MRC, Grupo de Investigación de Estudios sobre Vitaminas. 1991. Prevención de los defectos del tubo neural: resultados del estudio vitamínico del Medical Research Council. Lancet, 338: 131-137.

Murcia, M.A., Martínez-Tome, M., del Cerro, I., Sotillo, F. y Ramírez, A. 1999. Composición aproximada y niveles de vitamina E en la yema de huevo: pérdidas por cocción en el microondas. Ciencia y Tecnología Agrícola. 79: 1550-1556.

Naber, E. C. 1993. Modificación de la composición vitamínica de los huevos: Una revisión. J. Applied Poultry Res., 2: 385-393.

Naber, E. C. y Squires, M. W. 1993. Perfiles vitamínicos de los huevos como indicadores del estado nutricional de la gallina ponedora: Dieta para la transferencia de huevos y encuesta de parvadas comerciales. Poultry Sci., 72: 1046-1053.

Narahari,. D. 2005. Manipulaciones de nutrientes para huevos y carne de valor añadido. Conferencia de la Asociación de Ciencia Avícola de la India y producción del Simposio Nacional-2005.

http://www.poulvet.com/poultry/articles/egg_meat_nutrition.php

Nehad, A. Ramadan, Amal S. Omar, A.S.A. Bahakaim y Sahar M.H. Osman. 2010. Efecto del uso de diferentes niveles de hierro con zinc y cobre en la dieta de la capa sobre el enriquecimiento de hierro en el huevo. Int. J. Poultry Sci., 9 (9): 842-850.

Newman, S.A. 2011. El huevo animal como innovación evolutiva: una solución al rompecabezas del "reloj de arena embrionario". J. Zoología Experimental Parte B: Evolución Molecular y del Desarrollo. 316 (7): 467-483. doi:10.1002/jez.b.21417

Consejo Nacional de Investigación, NRC. 1994. Requerimientos de nutrientes de las aves de corral. 9ª edición revisada, National Academic Press, Washington, DC.

Nys, Y. y Sauveur B. 2004. Valor nutritivo de los huevos. INRA Producciones Animales, 17(5): 385-393.

Olobatoke, R.Y. y Mulugeta, S.D. 2011. Efecto del ajo en polvo dietético en el rendimiento de las ponedoras, la carga bacteriana fecal y la calidad del huevo. Poultry Sci., 90: 665-670.

Packer, L. 1991. El papel protector de la vitamina E en el sistema biológico. Am. J. Clin. Nutrición, 53: 1050-1055.

Park, S.W., H. Namkung, H. J. Ahn, I. K. Paik. 2004. Producción de Huevos Enriquecidos con Hierro de Gallinas Ponedoras. J. Anim de Asia-Australasia. Cit. 17(12): 1725-1728.

Paton, N.D., Cantor, A.H., Pescatore, A.J., Ford, M.J. y Smith, C.A. 2000. Efecto de la fuente de selenio en la dieta y el nivel de inclusión en el contenido de selenio de los huevos incubados. Poultry Sci., 79(Suppl) 40.

Paton, N.D., A.H. Cantor, A.J. Pescatore y C.A. Smith. 2002. El efecto de la fuente y el nivel de selenio en la dieta sobre la absorción de selenio por parte de los embriones de pollos en desarrollo. Poult. Ciencia, 81: 1548-1554.

Payet, M., M.H. Esmail, E.P. Gaël, L. Brun, L. Adjemout, G. Donnarel, H. Portugal y G. Pieroni. 2004. El consumo de huevos enriquecidos con ácido docosahexaenoico induce la acumulación de ácido araquidónico en los eritrocitos de los pacientes ancianos. H. J. Nutrición, 91: 789-796.

Payne, R.L., T.K. Lavergne y L.L. Southern. 2005. Efecto del selenio inorgánico versus el orgánico en la producción de gallinas y en la concentración de selenio en el huevo. Poult. Sci., 84: 232-237.

Pereira, A.L.F., Vidal, T.F., Abreu, V.K.G., Zapata, J.F.F. y Freitas, E.R. 2011. Marca de lípidos dietéticos y tiempo de almacenamiento en la estabilidad del huevo. Ciênc. Tecnol. Aliment. 31(4): 984-991.

Pingel, H. 2009. Producción de aves acuáticas para la seguridad alimentaria. IV Conferencia Mundial sobre Aves Acuáticas, 11-13 de noviembre de 2009, Thrissur, India.

Pinterest, 2018. Descubra ideas sobre razas de pollos https://www.pinterest.com/pin/63965257193042219/

Poole, H.K., 1964. Pigmentación de la cáscara de huevo de la codorniz japonesa: Control genético del rasgo del huevo blanco. Diario de la Herencia, 55 (3): 136-138.

Powell, S.R. 2000. Las propiedades antioxidantes del zinc. J. Nutr. , 1452-1456.

Rainer Zenz, 2006. imagen: huevo de avestruz BMK.jpg fotografía de BMK marzo 2005, huevos de codorniz montados por Rainer Zenz. https://commons.wikimedia.org/wiki/File:Vogeleier.jpg

https://www.pharmatutor.org/articles/designer-and-speciality-eggs-way-to-improve-human-diet

Romanoff, A.L. y A. Romanoff, 1949. El Huevo de Avión. John Wiley and Sons Co., Nueva York.

Ren, Y., Perez, T.I., Zuidhof, M.J., Renema, R.A. y Wu, J. 2013. Estabilidad oxidativa de los huevos enriquecidos con ácidos grasos poliinsaturados omega-3. J. Agric. Química de Alimentos, 61: 11595-11602.

Sandesh A. 2018. 22 Differences between Food Fortification and Supplementation, Public Health Notes. http://www.publichealthnotes.com/22-differences-between-food-fortification-and-supplementation/

Selhub, J. e I.H. Rosenberg. 1996. Ácido fólico. Páginas 206-219 pulg: Conocimientos actuales en nutrición. 7ª edición. E.E. Ziegler y L. J. Filer, ed. ILSI Press, Washington, DC.

Selhub, J., P. F. Jacques, A. G. Bostom, P. W. Wilson e I. H. Rosenberg. 2000. Relación entre la homocisteína en plasma y el estado vitamínico en la población del estudio de Framingham. Impacto de la fortificación con ácido fólico. Public Health Rev., 28: 117-145.

Schrauzer, G.N. 2003. La importancia nutricional, el metabolismo y la toxicología de la selenometionina. Adv. Nutrición de los alimentos. Res. 47: 73-112.

Schrauzer, G. N. 2009. El selenio y los elementos antagónicos del selenio en la prevención del cáncer nutricional. Crit. Rev. Biotechnol., 29: 10-17.

Schrauzer, G.N. y P.F. Surai. 2009. El selenio en la nutrición humana y animal: Cuestiones resueltas y no resueltas. Un tratado en parte histórico en conmemoración del cincuentenario del descubrimiento de la esencialidad biológica del selenio, dedicado a la memoria de Klaus Schwarz (1914-1978) con motivo del trigésimo aniversario de su muerte. Crit. Rev. Biotechnol., 29: 2-9.

Simopoulos, A.P. 2000. Necesidad humana de ácidos grasos poliinsaturados n-3. Poult. Sci. , 79:961-970.

Cantante, P. 1993. Mecanismos implicados en la presión sanguínea - efecto de disminución de los ácidos grasos omega-3. En: Drevon, C.A., I. Baksaas y H.E. Krokan (editores), Omega-3 Fatty Acids: Metabolism and Biological Effects, Birkhauser, Basilea, Suiza, págs. 251-257.

Skrivan, M. , Skrivanová, V. , Marounek, M. 2005. Los efectos de la dieta de zinc, hierro y cobre en la alimentación de las gallinas ponedoras en la distribución de estos elementos en los huevos, el hígado, la excreta, el suelo y la hierba. Poultry Sci., 84(10): 1570-1575.

Familia Small Footprint, 2018. ¿Qué tipo de huevos debo comprar? https://www.smallfootprintfamily.com/benefits-of-pasture-raised-eggs

Stadelman, W.J. y O.J. Cotterill , 1995. Ciencia y tecnología del huevo. 4ª ed., Food Products Press. Una impresión de la prensa Haworth. INC. Nueva York. Londres.

Surai, P.F., T.T. Papazyan, B.K. Speake y N.H.C. Sparks. 2007. Enriquecimiento en selenio y otros oligoelementos. Páginas 183-190 en Bioactive Egg Compounds. R. Huopalahti, R. Lopez-Fandinño, y M. Anton, R. Schade, ed. Springer-Verlag Berlin, Alemania.

Torres-Giner, S., Martínez-Abad, A., Ocio, M.J. y Lagarón, J.M. 2010. Estabilización de un ácido graso omega-3 nutracéutico por encapsulación en zein prolamina ultrafina electrosprayada. J. Food Sci., 75(6): 69-79.

USDA, 2001. Nutrient Da-tabase for Standard Reference, Release 14. Página de inicio de Nutrient DataLaboratory. http://www.nal.usda.gov /fnic/foodcomp.

Van Elswyk, M.E. 1997. Efectos nutricionales y fisiológicos de la semilla de lino en las dietas para aves de corral. Poult del mundo. Sci. J., 53:253-264.

Van Elswyk, M.E., Sams, A.R. y Hargis, P.S. 1992. Composición, funcionalidad y evaluación sensorial de los huevos de gallinas alimentadas con aceite de menhaden dietético. J. Food Sci., 57: 342-344.

Vital Farms, 2017. ¿Qué es el pastoreo? https://vitalfarms.com/pasture-raised-eggs/

Vukasinovic, M., R. Mihailovic, M. Sekler, V. Kaljevic y V. Kur-cubic. 2006. El impacto del contenido de selenio en los alimentos para gallinas ponedoras. Arch. Geflügelkd., 70: 91-96.

Wikipedia. 2018. Comida dietética. https://en.wikipedia.org/wiki/Diet_food

World Poultrt, 2003. El valor nutritivo de los huevos y sus componentes promotores de la salud. 19(7). http://flfam.org.my/files/Eggs%27%20 nutritional%20values.pdf

QUE, FAO, 2016. Directrices de la Organización Mundial de la Salud y de la Organización de las Naciones Unidas para la Agricultura y la Alimentación sobre el enriquecimiento de los alimentos con micronutrientes. Archivado el 26 de diciembre de 2016 en el Wayback Machine 2006 [citado el 30 de octubre de 2011].

Zang, H.; Zhang, K.; Ding, X.; Bai, S.; Hernández, J.M. y Yao, B. 2011. Efectos de las diferentes combinaciones de vitaminas en la calidad del huevo y la deposición de vitaminas en el huevo entero de las gallinas ponedoras. El brasileño J. Poult. Sci., 13(3). http://dx.doi.org/10.1590/S1516-635X2011000300005

I want morebooks!

Buy your books fast and straightforward online - at one of world's fastest growing online book stores! Environmentally sound due to Print-on-Demand technologies.

Buy your books online at
www.morebooks.shop

¡Compre sus libros rápido y directo en internet, en una de las librerías en línea con mayor crecimiento en el mundo! Producción que protege el medio ambiente a través de las tecnologías de impresión bajo demanda.

Compre sus libros online en
www.morebooks.shop

KS OmniScriptum Publishing
Brivibas gatve 197
LV-1039 Riga, Latvia
Telefax: +371 686 204 55

info@omniscriptum.com
www.omniscriptum.com